广西教育科学“十四五”规划2023年度重点课题《区域行业龙头企业支撑高校新工科特色产教融合发展模式与路径选择研究》（2023A032）	资助

区域行业龙头企业支撑高校新工科特色产教融合发展研究

潘　翔　林兴志◎著

电子科技大学出版社
University of Electronic Science and Technology of China Press
·成都·

图书在版编目（CIP）数据

区域行业龙头企业支撑高校新工科特色产教融合发展研究 / 潘翔，林兴志著. -- 成都 : 成都电子科大出版社，2025. 8. -- ISBN 978-7-5770-1357-2

Ⅰ. G649.21

中国国家版本馆CIP数据核字第2025Y34T78号

区域行业龙头企业支撑高校新工科特色产教融合发展研究

QUYU HANGYE LONGTOU QIYE ZHICHENG GAOXIAO XINGONGKE TESE CHANJIAO RONGHE FAZHAN YANJIU

潘　翔　林兴志　著

策划编辑　魏祥林
责任编辑　魏祥林
责任校对　杨梦婷
责任印制　段晓静

出版发行　电子科技大学出版社
　　　　　成都市一环路东一段159号电子信息产业大厦九楼　邮编　610051
主　　页　www.uestcp.com.cn
服务电话　028-83203399
邮购电话　028-83201495

印　　刷　四川煤田地质制图印务有限责任公司
成品尺寸　170 mm×240 mm
印　　张　12.75
字　　数　310千字
版　　次　2025年8月第1版
印　　次　2025年8月第1次印刷
书　　号　ISBN 978-7-5770-1357-2
定　　价　89.00元

前言

QIANYAN

本书为广西教育科学“十四五”规划2023年度重点课题《区域行业龙头企业支撑高校新工科特色产教融合发展模式与路径选择研究》（2023A032）的标志性研究成果。本书聚焦高等教育特色新工科建设，创新性地提出“注重实用性、体现双师性、突出实践性、加强复合性”的产教融合发展模式。该模式遵循应用型、复合型、创新型发展规律，旨在探索产业链、创新链、教育链的有效衔接机制与发展新路径，为提升产业竞争力和汇聚职业教育发展新动能寻求突破口，助推高等教育改革创新。在此基础上，本书深入阐述了区域行业的产业龙头、技术龙头、创新龙头企业如何通过资源优化共享、产教网络节点构建、双向人才互动、产业技术创新驱动，系统支撑高校特色新工科的发展，进而推动人才培育新体系与新模式的构建，最终形成支撑有力的新工科特色实践平台。

本书提出以下创新观点。

◎**龙头引领，跨界融通。**打破产业与教育供给壁垒，跨界融通“产—学—研—转—创—用”一体化实践体系，催生行业的“三龙头”（产业龙头、技术龙头、创新龙头企业）与高等教育新工科创新实体的统一与形成。

◎**特色发展，换轨超车。**从与特色新工科相关联的区域支柱产业、优势企业、核心技术创新代表中遴选出一批行业龙头企业，构建与高等教育专业体系相配套的系列区域性特色产业集群，形成一个具备技术性、职业性、技能性、技术性多主体并存的新工科资源体系，为高等教育群体打造出适合教育与产业协同发展的“换轨超车”新路径。

◎**模式创新，变形变革**。区域行业龙头企业将产业、技术、创新资源导入学校，围绕复合式办学、行业支撑技术资源，在产业技术网格化中实现行业与教育创新资源“双导入、双驱动、双特色”，打造新产品、新工艺、新技术、新文化、新内涵，推动产业有效促进教育教学改革。

作　者

2025年6月

目录

MULU

第1章 行业龙头企业支撑新工科特色产教融合概述

1.1 行业龙头企业与新工科产教融合

1.1.1 行业龙头企业与新工科融合定位

龙头企业是支撑市场发展的主力军，是推动产业转型升级、加快建设现代化经济体系的重要力量。高校是推动国家科技创新、推动产业升级和产业转型的重要力量，是促进我国经济发展的重要支撑，也是促进国家创新发展的重要途径。行业龙头企业是指在某一行业中具有很强的市场竞争力和领导地位的企业，具有如下三个特点。

第一，规模大。行业龙头企业通常具有庞大的规模和完善的组织结构，拥有强大的市场资源和品牌影响力。

第二，技术领先。行业龙头企业在技术研发、生产制造、经营管理等方面拥有领先优势，具有强大的创新能力和核心竞争力。

第三，市场份额高。行业龙头企业在市场中拥有较高的份额和强大的市场渗透力，能够对市场形势和行业变化作出快速的反应。

新工科是根据新一轮科技革命和产业变革的发展趋势，结合国家和地方的特色产业和人才需求，以新技术、新材料、新能源、新媒体等为主要发展方向的工科专业。新工科的主要特点是具有高度的跨学科融合能力和应用创新能力，能够满足不同行业和领域的需求，推动社会发展。高校可以在学科专业、师资力量、人才培养、线上平台等方面与行业龙头企业开展合作，整合各自的优势资源，形成资源互补与共享机制。

新工科的特色体现在如下几个方面。

（1）课程建设方面。在行业龙头企业的产业基础上确定协同育人项目合作方向，确定与龙头企业发展要求相契合的学科专业，增设新课程和更新传统课程授课内容，打造优质在线课程；投入资金改善教学实验室的实验条件，在实验室中进行相关课程的授课，解决理论与实践脱节的问题，打造精讲多练、重在实践的教学模式。

（2）师资队伍建设方面。让高校教师参与行业龙头企业的内部培训，加入云计算、大数据、物联网和人工智能高级研修班；邀请在行业龙头企业工作年限久、有着丰富职业技能和行业经验的资深项目经理和技术骨干担任部分课程的授课老师；由行业龙头企业牵头，学校聘请云计算、大数据、物联网和人工智能领域内的专家担任企业导师，到校开展学术讲座，定期进行专业引导。

（3）人才培养方面。让学生参与实习实训、科技竞赛、科研项目等，提高他们的创新能力。学生前三年在校完成学业学习后，在最后一年可到行业龙头企业培训基地学习，通过实地实习，实现高校培养与龙头企业用人的无缝衔接；参加中国“互联网+”大学生创新创业大赛、“挑战杯”全国大学生课外学术科技作品竞赛、“挑战杯”中国大学生创业计划大赛、全国大学生数学建模竞赛、“蓝桥杯”全国软件和信息技术专业人才大赛等各类赛事，积累丰富的科研竞赛经验；参与专业导师的科研项目及开放实验项目等，提升实践动手能力，拓宽专业视野，提高专业认知和学习热情。

（4）线上平台建设方面。众多高校可以共同携手，打破地域界限，引入国际、国内丰富的龙头企业资源；借助充足的龙头企业生产项目，高校可以更加高效地开展学生的实践学习、实习实训、就业指导、创业辅导、创业孵化等教学和生产实践活动；利用线上平台，解决基础设施建设的资金投入巨大、审批流程烦琐、运营维护复杂、潜在风险较多等难题。

1.1.2 产教融合与教育产业供给侧

当前，云计算、大数据、物联网、人工智能是引领新一轮科技革命和产业变革的重要驱动力量，通过新技术赋能传统产业，可以实现百行百业的优化升级和生产力的整体跃升。面对全新、快速发展的数字经济产业，传统的人才培养方式已不能满足产业的需求，对新时代应用型人才的培养迫在眉睫。推进产教融合和教育产业供给侧调整，可以赋能应用型人才的培养升级。教育供给与产业需求应用型人才培养路径，如图1-1所示。

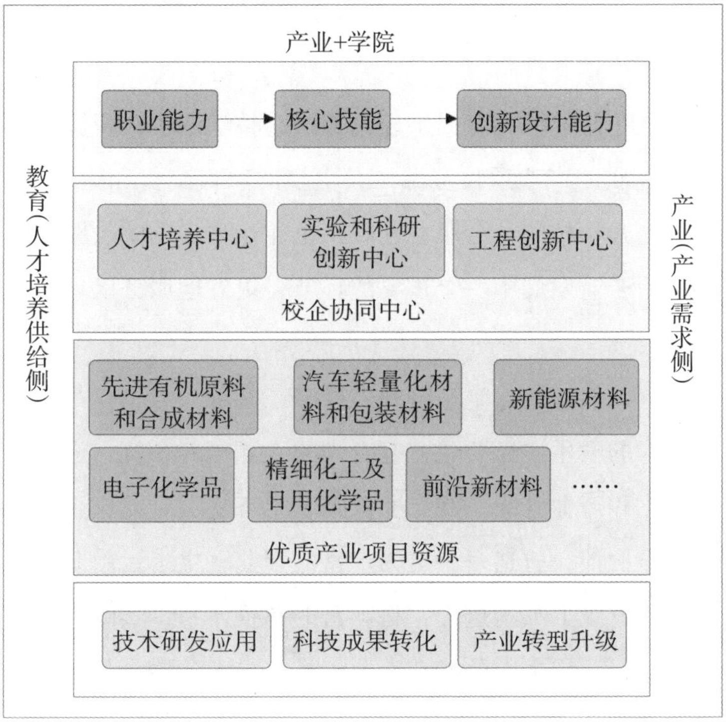

图1-1 教育供给与产业需求应用型人才培养路径

“产业＋学院”的合作方式，可以促进人才培养培训、技术创新、就业创业、社会服务、文化传承全面融合。同时，这种合作方式以数字化人才培养为落脚点，以技能等级证书、行业认证和技能大赛为依托，协同产业链、生态链、教育链和人才链，以全链条赋能的方式推动人才向产业聚集，助力中国数字化产业技能人才的培养。

人才培养中心主要以满足产业需求的人才培养为目标搭建人才培养体系。以提高教师能力为目标成立龙头企业教师流动工作站，以提升学生就业质量和就业率为目标开启精英计划，可以让人才流动形成闭环，形成院校、学生和龙头企业“三赢”的人才培养链、供给链，源源不断地输出数字人才，支持数字产业的发展。实验中心和科研创新中心通过升级实训实验室，提供良好的教学环境，开展浸润式实景教学，推动科学技术研究成果的应用转化。工程创新中心让更多的学生能够参与龙头企业项目建设，不仅能够借助实际的项目培养师生的能力，也使学生从入学到毕业再到就业的成长轨迹都清晰可见。

学院在结合专业学科特点提供理论知识、教学课程和资源的同时，也可以为师生提供优质的产业项目资源，及更多的项目交付和应用开发的机会，这样不仅可以提升学校的社会服务创收，也能让更多的院校跟产业有更多的深度融合，成为产业发展中一个重要的环节，更好地服务区域数字经济产业的发展。

协同产业链、教育链、生态链和人才链，其着力点不仅是要培养出更多适应数字化需求的学生，还要建立起合理的人才培养系统，进而使学生更好地应对时代变化和产业升级。在产业链条和生态链上，龙头企业可以联合产业上下游的合作伙伴，打造一个更为丰富的产业链生态，由此更好地帮助院校在专业转型和升级上加速进程，将丰富的课程体系、实践经验、项目场景等资源带给院校，让更多的院校在专业建设上少走弯路，从而培养无缝对接产业的人才。在教育链和人才链上，龙头企业可以形成人才培养、科研创新、社会服务、开放合作的新思维和新模式，与政府、产业、科研院所、教育合作伙伴携手，通过全面的联合创新，真正实现产、学、研、用的结合，从而加速推动中国数字化产业技能人才的培养。

1.1.3 行业龙头企业支撑与变革

行业龙头企业支撑与变革将企业自身的生产实践资源与学校的科研和教学优势资源进行整合互补，将企业与高校各自的优势资源进行整合，以实现教学科研的创新与生产实践的转型升级。龙头企业对新工科教育的支撑和新工科教育对龙头企业的反哺主要表现在两个方面：一是企业与高校共同合作制定符合企业需要的人才培养方案和制度，共建学习资源库，使高校学生充分理解和学习企业的生产过程和技能知识，使企业员工充分学习学校的先进理念和前沿科技，着力培养出具有专业技能的卓越工程师和智慧工匠型人才；二是将教学科研活动嵌入企业的生产实践活动。高校参与企业的科技研发，既能使高校及时了解生产一线的先进技术，促使高校学生快速适应企业发展，也能推进企业的技术创新，提高企业产能，刺激经济快速发展。

资源的获取和整合是行业龙头企业变革的初始阶段。这个阶段的主要工作是对资源的搜集、整合与研究。企业进行前期设备、资金、人力和技术的投入，学校则提供师资力量、教学资源和科研项目等知识资源。在这一阶段，校企双方要坚持契约管理，共同疏通科技研究基础与应用之间的路径，推动企业与学校进行资源对接。

人才和科技核心竞争力的形成是行业龙头企业变革的关键期。高校利用人工智能技术优化高校人才培养体系，可以将创新理念、创新能力、合作精神嵌入人工智能高端人才培养计划中，推动高校人工智能创新。行业龙头企业将人工智能技术深入应用于科技资源创新的各个方面，可以提高企业的科技创新能力。人才培养体系的智能化为科技创新能力的提高提供智力保障，科技创新能力的智能化为人才培养创新体系的完善提供动力，二者相互促进、相互影响，共同推动人才和科技核心竞争力的形成。

人才培养和科技创新成果的形成是行业龙头企业变革的成熟期。企业和学校协同合作在园区设立成果转化服务基地，从而为学校人才培养成果转化与企业科技创新成果转化提供平台与服务。人才培养成果转化可以为行业与企业提供符合市场导向需求侧改革的高素质人才，同时也推动了科技创新成果的转化，进而实现产品价值的提升；科学技术创新成果转化可以为企业生产力的提高提供动力，从而吸引更多的高素质人才、先进科研资源、优质投资等涌入企业生产园区。

1.2 国内外行业龙头与新工科产教融合发展现状

1.2.1 国外行业龙头与新工科产教融合现状

1.2.1.1 基于法律法规的产教融合发展模式

欧美一些发达国家对高等教育与行业龙头企业的产教融合十分重视，美国的《高等教育法》《卡尔·帕金斯职业教育法案》等从校企合作教育基金、专项拨款、主体地位、合作范围等方面对产教融合进行了规定。美国的产教融合发展模式可以追溯到20世纪初期。当时，美国政府和高等教育机构开始密切合作，以推动新兴科技的发展。他们逐渐形成了一个以高校为核心，由政府、企业和非营利组织等组成的多方合作关系，以支持科技的创新与应用。此外，美国的教育和研究机构也鼓励企业和高校之间的交流和合作。20世纪50年代，美国国家科学基金会和美国政府开始实施具有里程碑意义的产教融合发展政策。他们为各种研究领域提供了充足的资金，并鼓励高校和企业之间的合作，以推动科学研究和新技术的发展。美国国家科学基金会计划推动美国高等教育机构和企业之间的协作，使研究结果能够更好地应用于实际工作。随着科技的发展，美国的产教融合发展模式也在不断发展和完善。政府和科研机构加强了高校和企业之间的协作，以促进技术的创新和应用。基于法案法规的产教融合发展模式推动了美国经济的发展，如图1-2所示。

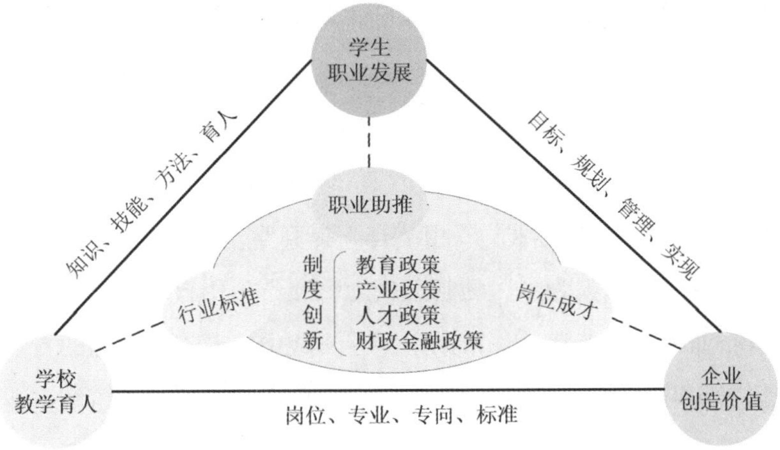

图1-2　基于法律法规的产教融合发展模式

美国是最早提出产教融合概念的国家，在产教融合方面走在世界前列。美国先后出台了一系列相关政策，将产教融合分为课程融合、教育融合和职业培训三个阶段。美国在教育与技术融合方面的经验非常丰富，将教育与社会相结合，构建了产教一体化的人才培养体系，并从学校、企业、政府、社会等多个层面实施。

美国的产教融合发展模式不仅促进了经济的发展，还激发了教育行业的发展。首先，美国的产教融合发展模式促进了企业和学校之间的合作，帮助企业和学校建立起一种有效的合作机制：企业能够把研发和技术移植到学校，学校也能为企业培养高素质的人才。这样，双方都能够从产教融合发展模式中获益。其次，美国的产教融合发展模式还提高了美国企业的创新能力和竞争力。最后，美国的产教融合发展模式为企业提供了技术支持，促进了企业的创新发展，增强了企业的竞争力。这给企业提供了新的发展机会，从而可以一步促进美国经济的发展。

1.2.1.2　基于资源支持的实习工厂发展模式

1997年，美国欧林基金会（Franklin W. Olin Foundation）为培养新型创新创业工程人才组建了欧林工学院。欧林工学院与当地龙头企业合作，结合产业发展需求，打造实习工厂，设立实践项目，组织师生团队进行攻关；企业提供资源支持，并拥有通过实践项目研发出来的成果产权。欧林工学院具有独特的使命，即创建工程教育改革的实验室，形成了欧林工程教育课程教学改革的“金三角”，即“欧林三角”（Olin Triangle）：卓越的工程学，企业家能力，以及艺术、人文社会学科知识。学校要把学生在学校中学习的理论知识、实践经验和企业实际发展相结合，提高学生的实践能力和创新能力。企业要充分利用“以人为本”的管理理念，让学生用自己感兴趣的知识和技能去从事企业生产经营活动，帮助学生在实践中不断丰富自己的专业知识和技能。通过实习岗位，学生可以更深入、更广泛、更系统地了解企业的运作情况，从而更清楚地了解企业未来的发展，更好地进行就业决策。欧林工学院的学生实习模式，就是以实习单位为基础，让学生进行全方位的实习，让企业了解学生的真实需求，培养学生的实践动手能力，使他们能够对企业有更深刻的认识。企业需要培养学生的不仅仅是理论知识，更多的是实践技能和创新能力。欧林工学院的人才培养模式是一种基于资源支持的实习工厂发展模式，如图1-3所示。

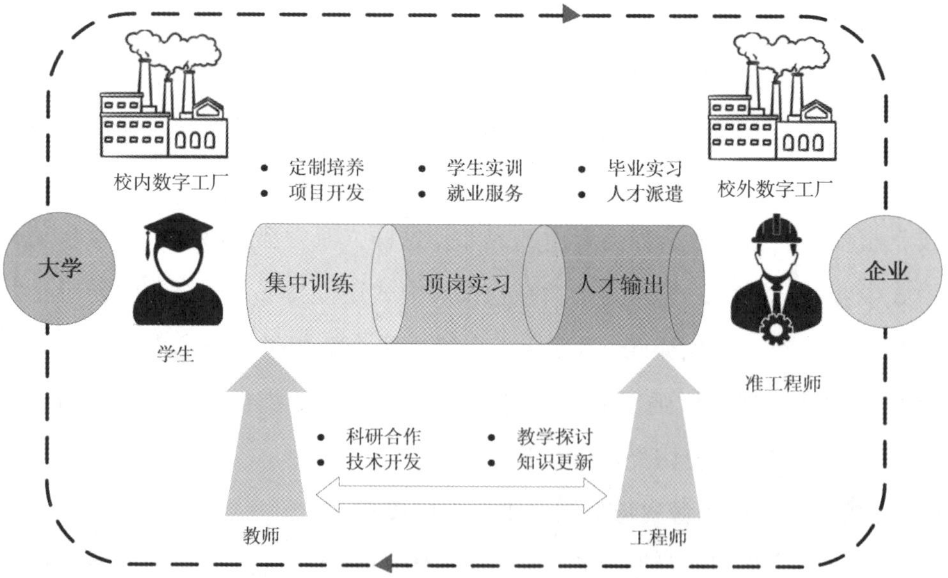

图1-3　基于资源支持的实习工厂发展模式

宾夕法尼亚州立大学创立了制造类工程教育的实习工厂模式，旨在锻炼学生的实践技能。宾夕法尼亚州立大学的实习工厂模式主要分为两类：自主实习和合作实习。自主实习主要是指校内实习，由学校提供，学校通过实习单位提供实习条件、实习环境等。合作实习是学校和实习企业共同合作，根据实习岗位要求开展实习工作。自主实习是指学生在毕业实习结束后，以个人为主体，在实习工厂中自主选择实习职位。这种实习方式，一方面可以使学生充分利用学校提供的实习资源，另一方面也能够减少学生因为实习而对企业产生负面影响。在合作实习模式下，企业可以向学生提供一些实习机会，从而节省一定的人力成本。在实习基地的选择方面，主要影响因素是学生是否愿意留在学校，是否在公司已有的实习场所实习并熟悉企业的工作流程，以及实习场地的选择是否合理。对于合作型的实习生，由于实习时间有限、资源较少、合作的方式比较少，因此，公司会提供一些实习方面的便利，如食堂和宿舍。

德国的双元制模式已成为世界教育的典范之一。在此模式下，学校与龙头企业的合作具有独立完善的运行体系，校企均参与招生、培训、教育与实践的过程。学生读书期间的理论学习与职业实践紧密结合，所学即所用，在双重导师（大学教授＋职业培训师）的指引下更早进入实景化的职场，毕业时同时获得大学学位和职业能力双证书。学生在入学前已经与企业建立了密切的合作伙伴关系，因此学习内容围绕企业实际生产和研发项目，学生在毕业后无须过渡便可直接进入实际工作。通过与高校合作，企业为自己赢得了坚实的后备人才力量。学生从一开始就是公司的员工，他接受的知识是根据他未来岗位需求的能力而定的。这个学生是在实际生产条件下成长起来的，因此，他可以很早就了解到自己是否能够或愿意做这个工作。双元制教学为德国培养了一大批优秀的高水平工程师，他们在企业工作中取得了骄人的成绩，赢得了社会的赞誉，为德国的制造业和经济发展作出了杰出的贡献。目前，应用科学型大学的双元制学生所占比例越来越高，并且越来越多的综合性大学也开始培养双元制大学生。

1.2.1.3 基于生产过程的合作伙伴发展模式

国立巴黎高等矿业学院始终与以法国北方钢铁联合公司为代表的大型工业企业保持着密切的合作，并且与众多的法国国内和国际的研究机构有合作关系。国立巴黎高等矿业学院的课程设置目标之一是学以致用，让学生借助所学的知识和理论工具去认识现实世界。学校实行通识教育与专业教育相结合的制度，旨在使学生掌握丰富而扎实的知识。学校又与各大企业密切合作，定期更换教学内容，以满足企业实际业务的需要和知识的更新。学校有六个月和四个月两种全职实习的硬性要求，所以学生都要去公司做全职的实习。此外，法国的高等院校贡比涅技术大学与雷诺汽车公司等800多家大型企业建立了合作伙伴关系，里昂大学与道达尔公司、法国阿尔斯通公司联合进行“工业生产过程分析”研究。国立巴黎高等矿业学院、里尔中央理工学院等大部分院校都将大型企业人员教学作为学校教育的一部分，并已经形成教学惯例。这都是基于生产过程的合作伙伴发展模式，如图1-4所示。

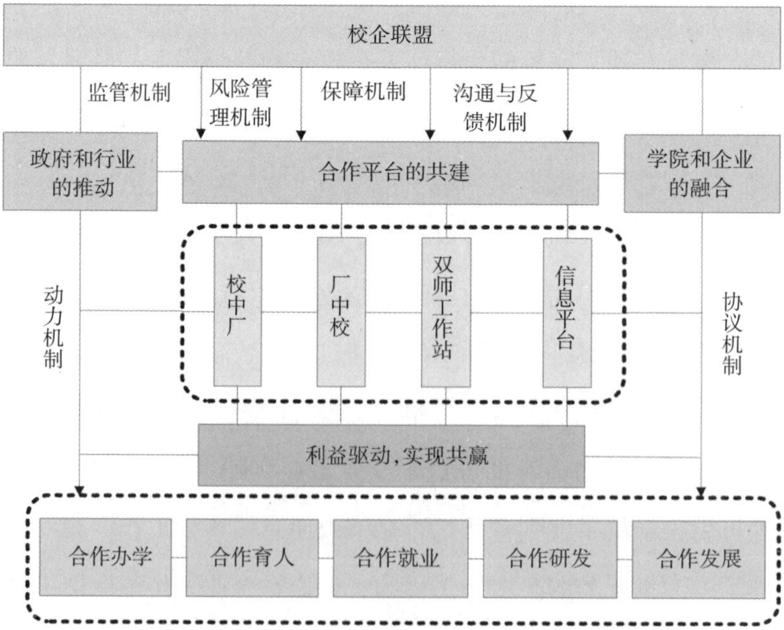

图1-4 基于生产过程的合作伙伴发展模式

牛津大学通过建立校企联盟实现了学科集群与产业界的深度对接。据统计，截至2021年年底，牛津大学与牛津地区的一千多家高科技企业有着深度合作。与企业的紧密联系，在为牛津大学的众多学生提供了多样化就业选择的同时，也从侧面证明了牛津大学孵化初创企业的能力，即在科研成果转化领域有着很完善的转化机制和系统化的专业能力。企业与科技创新一直是牛津大学持续取得研究成果的基础。利用坐落于牛津的地理优势，科技企业可以很容易地吸引来自世界各地的优秀研究者。正是因为有了这些顶尖科研人员，牛津大学才可以通过初创企业获得支持其研究所需的相应设施，并为初创企业提供相关技术的使用权、专业咨询、合同研究及产业合作。一直以来，不断有创业公司、衍生公司和企业家作为新鲜血液加入牛津地区的产业群中。通过牛津大学科技创新公司、牛津国际创新咨询公司、牛津大学科学创新基金和牛津创新协会等衍生和相关机构，牛津大学在科技成果转化上积累了丰富的实践经验和成果。

日本校企合作办学模式的主要特点是企业深入参与高校人才培养过程，建立大学生实习实践基地群，鼓励企业技术专家参与大学的教学及实验过程。教育机构与企业合作，通过企业投资、校企人员交流等模式，不仅可以解决教育机构在校生的实习与就业问题，也可以使企业了解先进技术，提高创新能力和生产效率，从而实现教育成果向生产能力的转化。

1.2.2　国内行业龙头与新工科产教融合现状

1.2.2.1　基于产业学院的新一代发展模式

产业学院是校企合作转型升级的产物。现在，产业学院主要涉及以下五个板块。第一个是教学板块，通过打造创新人才培养模式，打造双师型师资队伍，提升专业建设质量。第二个是实训板块，将企业引入学校，为学生提供多场景生产性实训岗位。第三个是科研板块，如企业和学校联合进行项目开发、申报课题等。第四个是社会服务功能板块，如将企业的培训资源放在学校。第五个是创新创业板块，为学生提供多元化发展的平台。

当下，高校产业学院的运营模式主要包括四类：“1+1”模式、“1+N”模式、“1+1+N”模式和“N+N”模式。

第一，“1+1”模式是最常见的合作模式，即“学校+龙头企业”，如华为ICT产业学院、百度云智教育产业学院等。

第二，“1+N”模式，即“1个专业群+N个企业组成的产业集群”的“一对多”合作模式。在此类产业学院的发展过程中，政府往往发挥主导作用，学校与政府签订办学协议，政府提供部分资金和场所，并将产业学院的建设和发展编入区域发展规划，使其成为区域经济发展的重要一环。比如某工业互联网产业学院，就建在某新区的产业园里面，产业园里有多家校企合作企业。

第三，“1+1+N”模式，即“1个专业群+1个协会+N个企业”或者“1个专业群+1个龙头企业+N个企业”的合作模式。这种合作模式是很多学校愿意接受的，其中的“N个企业”能很好地解决学生的实习就业等问题。

第四，“N+N”模式，即“N个院校+N个企业”的合作模式，具体指区域内多家高校和多家企业联合共建的产业学院运营模式。这种模式的重点在于整合资源，共同构建产业学院联盟，培养全产业链需要的全部人才，实施难度较大，需要政府进行资源整合和协调。基于产业学院的新一代发展模式，属于“N+N”模式，如图1-5所示。

产业学院的建设要点如下。

第一，产业学院建设要贴近政府，加强与政府的互动。政府的介入深度与产业学院的运作成效呈正相关。

第二，产业学院建设要贴近产业，明确产业属性的地位，即新工科教育一定是服务地方产业发展的。

第三，产业学院建设可以让学校承担更多的社会服务。例如，学校可以联合企业开展社会培训、成立产业技术研究中心、申报课题等。

第四，探索创新合作模式，激发产业企业的积极性。例如，对于混合所有制产业学院，企业提供服务设施、技术体系、经营体系和其他产业资源等，学校提供办学空间、部分实训设施、实验室、非财政资金、师资、知识产权等资源。产业学院的专业建设、课程设置、教学内容、教学模式等都是由行业企业与高校共同规划完成，具体的教学活动尤其是实践类教学活动，也是由行业企业与高校共同开展，产业学院的整个人才培养过程具有鲜明的企业烙印，充分体现出产业学院在育人和科研方面的企业属性。

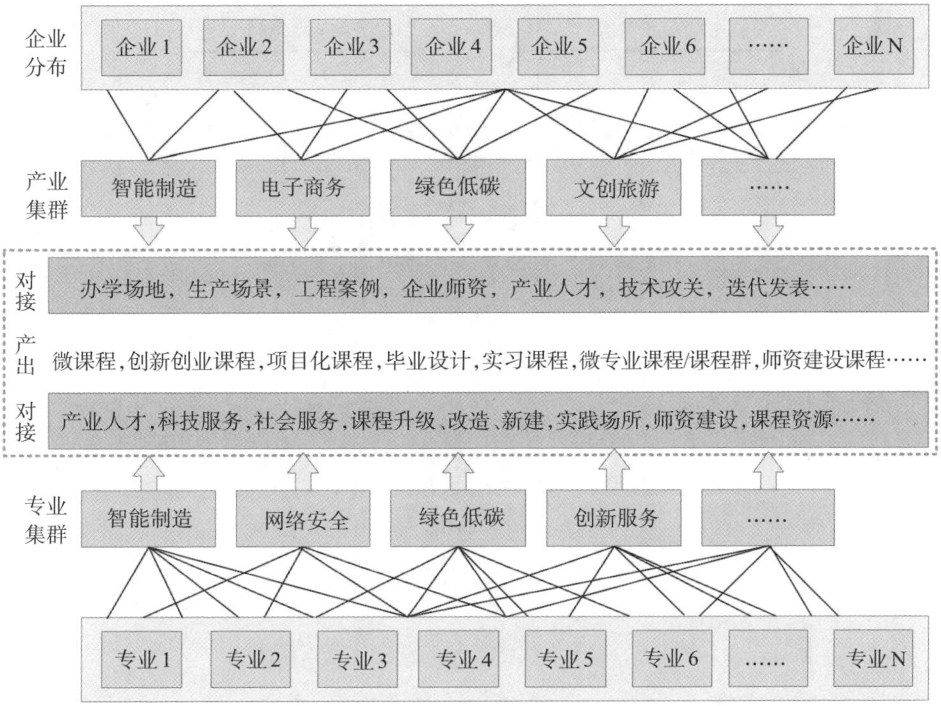

图1-5　基于产业学院的新一代发展模式

1.2.2.2　基于现代学徒制的双主体育人模式

现代学徒制是指由龙头企业与高校联合招收学生，以工学结合的方式进行学徒培养，使学徒同时具有在校学生、企业员工“双重身份”，在学校和企业之间交互训教、工学交替的育人模式。现代学徒制有利于促进行业、企业参与新工科教育人才培养的全过程，可以实现专业设置与产业需求对接、课程内容与职业标准对接、教学过程与生产过程对接、毕业证书与职业资格证书对接、新工科教育与终身学习对接，从而提高人才培养的质量和针对性。图1-6所示为基于现代学徒制的双主体育人模式，其特征见表1-1所列。

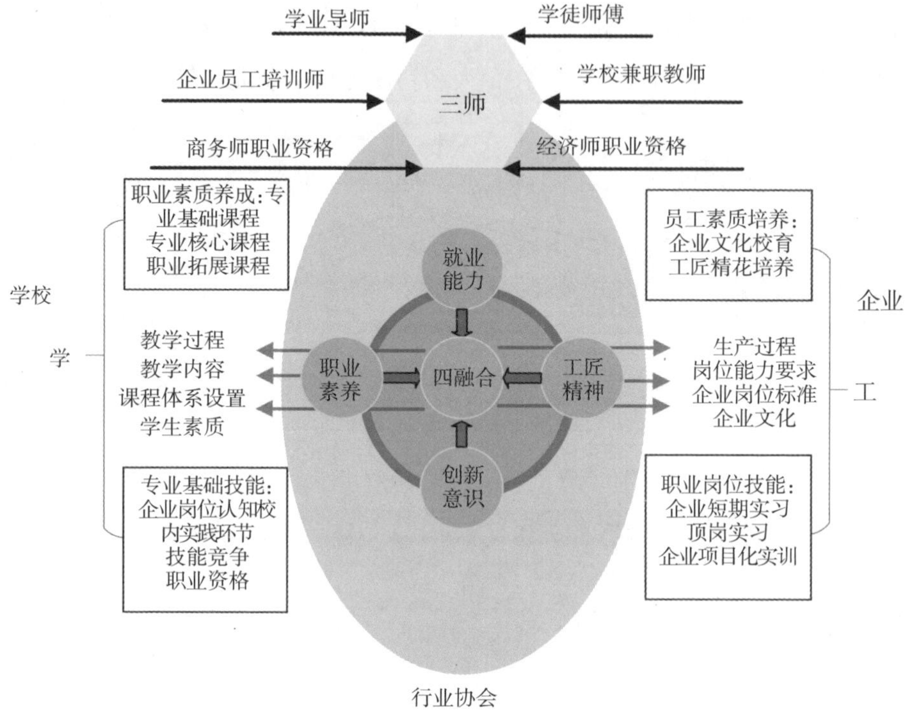

图1-6　基于现代学徒制的双主体育人模式

表1-1　现代学徒制的特征

现代学徒制	
定义	现代学徒制是中华人民共和国教育部于2014年提出的一项旨在深化产教融合、校企合作,进一步完善校企合作育人机制,创新技术技能人才培养模式
出发点	创新招生制度和管理制度,形成校企分工合作、协同育人共同发展的长效机制
目标任务	推进产教融合,完善职教体系,提高人才培养质量,实现人才全面发展,适应产业需求
工作原则	政府引导、行业参与、社会支持
协议	校企签订合作协议
培养主体	学校

续表

现代学徒制	
培养对象	职校学生(学徒培训生)
试点目标	招生即招工、入校即入厂、校企联合培养
试点单位	现代学徒制试点采取自愿申报原则。申报试点的单位应是有一定工作基础、愿意先行先试的地级市、行业、企业及职业院校
试点周期	以专业学制为一个试点周期
补贴	以各地方政策为准

现代学徒制以提高学生的技能水平为目标，注重对学生专业基础技能和职业素质的培养。现代学徒制育人机制分为两个阶段：第一个阶段，学生在学校期间要完成文化课程的学习，掌握专业所需各项基本技能，践行六个对接（学科与产业、教师与工程师、学生与工匠、理论与生产、课堂与车间、作品与产品），让学生对企业生产过程、岗位要求和企业文化有一定的了解；第二个阶段，在企业实行现代学徒制试点，让学生真正参与企业工作，切实掌握实习岗位所要求的技能。

1.2.2.3 基于双创融合的科技创新促进模式

大众创业、万众创新是激发亿万群众智慧和创造力的重大改革举措。《国务院关于推动创新创业高质量发展打造“双创”升级版的意见》提出通过“双创”深入推动科技创新支撑能力升级。创新驱动发展战略的提出是推进科技创新的关键，是实现创新驱动发展的重要手段。创新是引领社会发展的第一动力，也是构建现代化经济体系的重要保障。我国政府和企业一直将创新作为战略发展目标。如图1-7所示为基于“双创”融合的科技创新促进模式。

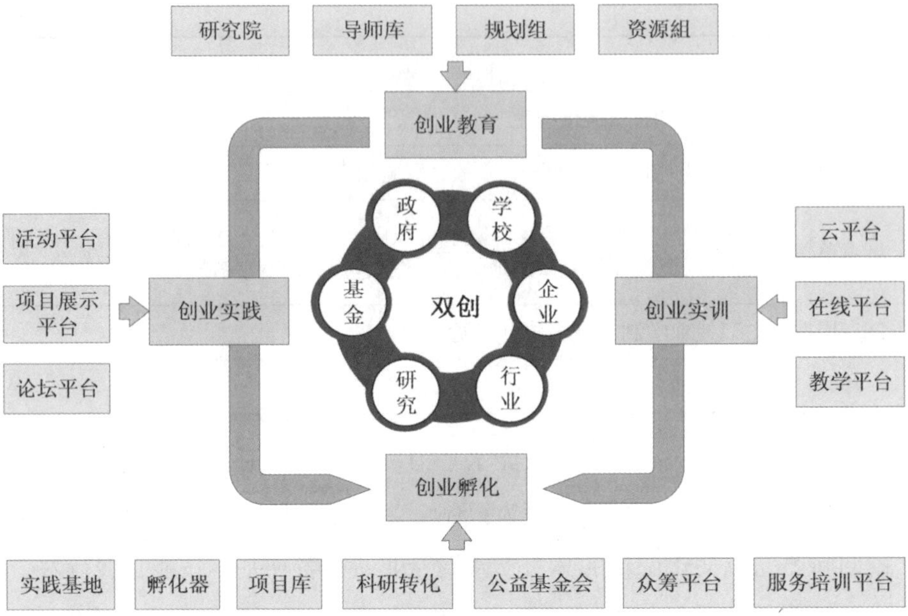

图1-7　基于“双创”融合的科技创新促进模式

“双创”有助于推动科技创新，在科技创新中发挥着独特作用。在新时代推动“双创”升级，可以突出科技创新的引领作用，激发大企业和科研院所的积极性，推动创业与产业结合，为高质量发展提供有力支撑。依托鼓励创业的方式，“双创”将科研人员技术创新的外生压力转化为内生动力，激发了大企业的创新活力，使科技型中小企业快速发展。科技创新要面向大众创业、万众创新这一号召，以高精尖技术推动“双创”向更高层次跃升，并依托“双创”推动科技成果转化为现实生产力。科技创新在“双创”中发挥着引领作用，同时“双创”良好局面的形成加速了科技成果转化，使技术交易更加活跃，推动了科技创新目标的实现，成为科技创新的助推力。

若要促进产业转型升级，提升科技创新能力，就必须重视人才培养模式改革，从而推动科技成果转化率不断提高。开展一系列的“双创”教育活动，可以培养学生的动手操作能力和实际问题解决能力，将实践教学、毕业设计、岗位实习等提升到全新的高度，培育学生求真务实的优良作风。同时，应加大对于科研人员的培训投入，提高他们的综合素质。高校可以通过开展专业知识竞赛、培训课程等方式来培养人才，让人才能够更好地发挥自身潜力，并且不断学习先进知识。

1.2.2.4 基于实训基地的普遍化合作模式

实训基地由多个实验实训室组成，作为在校学生通过工学结合的方式学习实践技能的场所。实训基地分为校内实训基地和校外实训基地。校内实训基地是指学校内部的实训基地；校外实训基地是指通过校企合作建设成立，位置在企业内部，用于在校学生学习实践技能的场所。在校外实训基地中，有实际的模拟训练场，是企业提升员工工作技能水平、业务知识水平、思想教育水平和对外展示的集中平台。如图1-8所示为基于实训基地的普遍化合作模式。

近年来，我国工业互联网发展态势良好，从国家到地方均对工业互联网的发展给予高度重视。同时，我国制造业产业规模巨大，对人才需求迫切。但是，国内高等教育人才培养与企业岗位需求脱节的问题，导致在企业实际生产中出现了人员素质不高、专业技能不强、工作效率低下等现象，制约了行业的进一步发展。同时，高校与企业的合作方式较为传统，高校无法直接利用企业先进的生产设备及信息化手段完成教学任务，导致高校的专业技能教学存在一定的局限性。因此，建设数字化实训基地对塑造专业技能型人才具有重要意义。

专业性强的实训基地涵盖网络培训及管理平台、硬件实训装置、仿真培训软件、培训教材及课程体系、定制培训资源开发、员工技能培训和竞赛服务支持等。实训基地突出“线上＋线下”特色，将物联网、互联网、云计算、大数据、人工智能技术等新一代信息技术应用于实训基地的管理和培训教学过程中。实训基地将信息技术和专业实训设施深度融合，可以综合专业实训和社会培训的不同特点，兼顾实训课程设计的专业性和兼容性，面向企业和社会开设各种相关的培训课程，定向输出与企业岗位需求高度匹配的高素质人才。

发挥龙头企业、高校、科研机构各方优势联合培养人才，对龙头企业而言，短期内可以解决企业的人力资源不足的问题，从长期来看可为企业储备专业技术人才；对高校、科研机构而言，有利于学生理论联系实践，使高校、科研机构的研究更贴近实际。

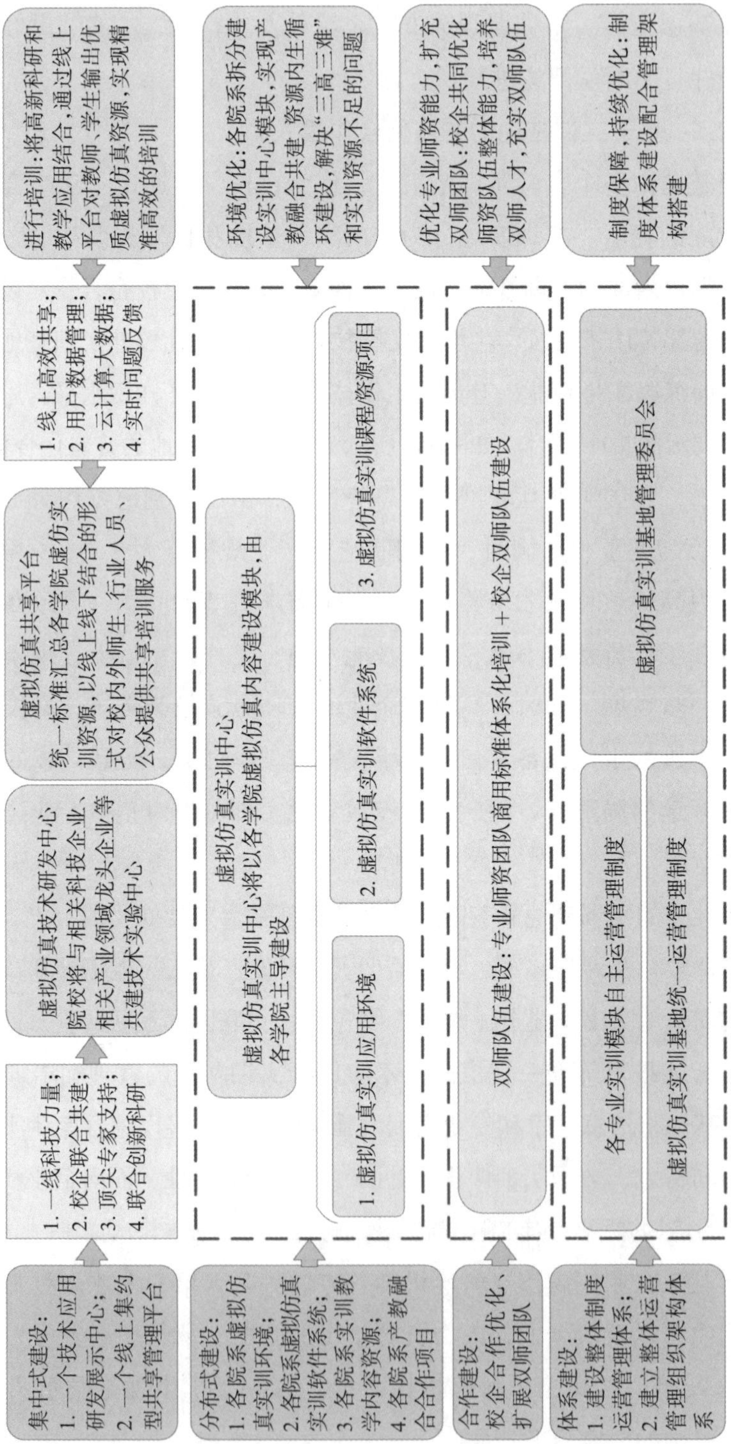

图1-8　基于实训基地的普遍化合作模式

1.3 国内外行业龙头企业与新工科产教融合发展经验借鉴

1.3.1 行业龙头企业支撑新工科特色产教融合的深层次融合与发展

1.3.1.1 行业龙头为教育与产业供给侧结构性改革增添巨大的推动力

当前，我国教育与产业供给侧结构性改革已取得阶段性成果，但改革仍处于探索阶段，存在诸多亟待解决的问题，而行业龙头对产业供给侧的改革具有重要推动作用。首先，在产业供大于求的背景下，新工科行业龙头企业在产业链上下游的整合创新、产品创新和价值创造，对新兴产业与传统产业的融合发展具有显著的引领作用。其次，龙头企业是新兴产业的重要推动力量，龙头企业通过产业链上的协同创新，将产业链的上游企业与下游企业整合起来，形成产业链协同效应，实现产业升级，最终形成产业集聚效应。最后，随着国家政策及相关部门相应的扶持政策的出台，新型职业农民培育工作也进入全面推行阶段，这为产业结构转型提供了良好条件。行业龙头对教育与产业供给侧改革的推动过程如图1-9所示。

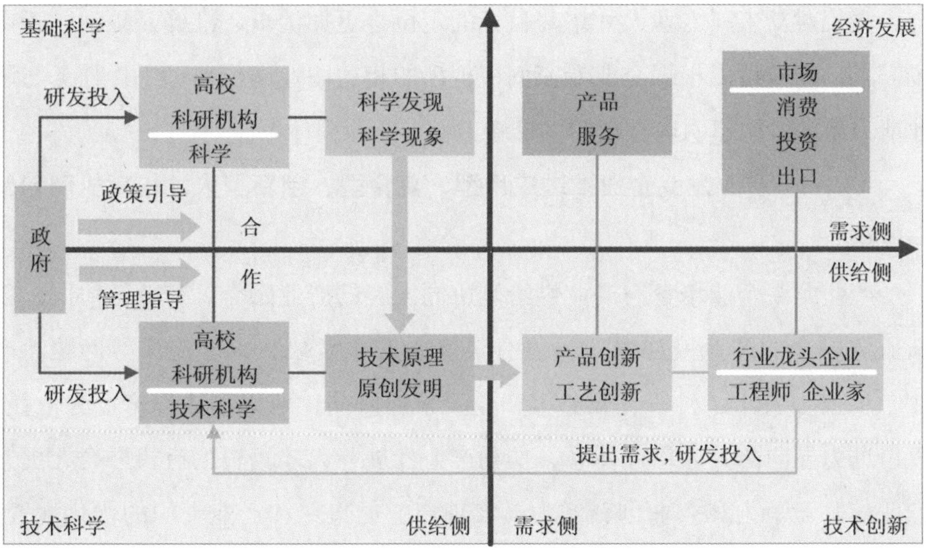

图1-9 行业龙头对教育与产业供给侧改革的推动过程

在产业转型升级的大背景下，对一线产业从业人员的要求越来越高。要让学生胜任这些要求，学校的教学内容无疑是关键的因素。因此，学校的教学应从以下几方面着手：教学过程与生产过程对接，学校要让学生在弄清楚生产实践活动流程的基础上，将所学专业理论知识和技术技能运用其中，通过项目教学的方式提升学生的综合能力；采用以项目为载体的教学模式，要求学生根据细分任务自主完成项目，同时也要求教师具备较强的教学引导能力；学校要注重培养学生的实际操作能力，运用现代化的教学手段，采用线上和线下课堂相结合的模式，培养学生对专业知识的理解与实际运用，从而满足学生将来走向社会参加工作的实际需求。

只有拥有了大量的校外实践教学基地和校外指导教师，才能为培养出来的在飞速发展的信息技术浪潮中不落伍的学生提供保证。龙头企业拥有强大的研发队伍和配套齐全的产业园区，以及奋战在生产科研一线的有丰富技术实践经验的工程师。根据岗位的实际需求，高校教师在本校新工科专业学生的行业定位、专业核心课程体系的构建等方面可以提出自己的建议，为学校制定人才培养方案、课程体系构建等方面提供参考依据。有了工程师的参与，高校对新工科专业人才培养目标的定位会更加清晰、准确，更加贴近市场需求。高校可以根据企业专家们梳理出的相关职业岗位典型工作任务与职业能力需求，构建明确合理的本校新工科专业课程体系。

1.3.1.2 产业龙头企业推进应用型、复合型、创新型人才培育机制创新与改革

产业龙头企业培育与产业供给侧协同发展的产业融合、产业链协同、创新服务融合的产业发展模式，能有效解决人才紧缺、人才流失等问题。产业、科技、人才、科研、服务等产业要素的协同，可以形成以产业为依托、以市场为导向的人才培养体系，推动产业发展与人才培育的有机融合，提升产业核心竞争力和企业创新实力，实现产业的集聚和产业资源的优化配置。图1-10为产业龙头企业对人才培育机制创新与改革的推进过程。产业龙头企业驱动是校企人才培育创新与改革机制的关键，可以从实验实训生产化、培

养模式双元化、教学实施项目化、师资队伍工程化等方面，不断优化人才培养方案，实现产教融合发展通道贯通、“工学交替”模式贯通和人才培养体系贯通，进而实现应用型、复合型、创新型人才的培育。

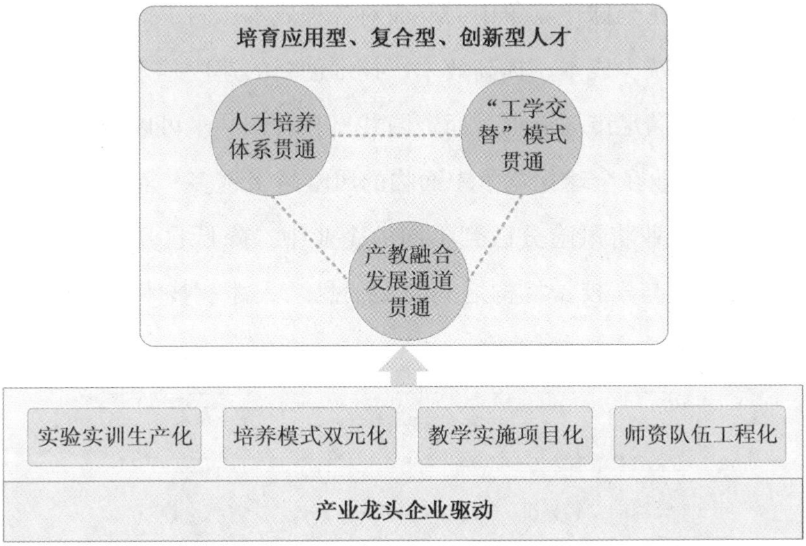

图1-10　产业龙头企业对人才培育机制创新与改革的推进过程

将教学体系、校园氛围、教师素养提升、学生管理、工学结合、技术培育与企业文化融合，可以让龙头企业成为校内学生实习实践的教学基地，让学校成为企业专业技术人员技能学习与理论提升、继续教育的场所。龙头企业通过项目与技术协作，营造企业管理氛围，可以打造新工科教育创新人才培育的学习工厂，培养学习型、成长型的企业专业技术人才与拔尖创新人才。龙头企业通过实现学科专业体系、学习场景的变革，可以推动学校课程变革和学校学习方式的变革，在企业管理创新、产品创新等关键领域与学校开展联合技术攻关，打破企业创新的路径依赖，实现创新与突破，从而成为智慧工匠人才、卓越工程师培养的重要实践支点。

1.3.1.3　行业龙头企业助推新型信息、人才、技术与物质资源共享机制的建立

企业之间的合作已经成为企业实现可持续发展的重要手段和策略之一，

可以让企业在全球化竞争中更好地发挥各自的优势，从而实现共同的目标。随着全球化的加速，市场竞争变得越来越激烈，企业需要不断提升自身的核心竞争力，而资源共享和合作共赢可以帮助企业获得更多的资源，提升自身的竞争力。企业在全球化竞争中需要面对各种成本压力，而资源共享和合作共赢可以有效地减少成本、提高效率。技术创新的速度越来越快，企业需要更前沿的技术来满足市场需求，而资源共享和合作共赢可以帮助企业获得更前沿的技术。企业在全球化竞争中面临的风险越来越多，而资源共享和合作共赢可以帮助企业将风险分散到不同的企业中，降低自身的风险。图 1-11 为行业龙头企业与学校、机构之间新型信息、人才、技术与物质资源的共享机制。

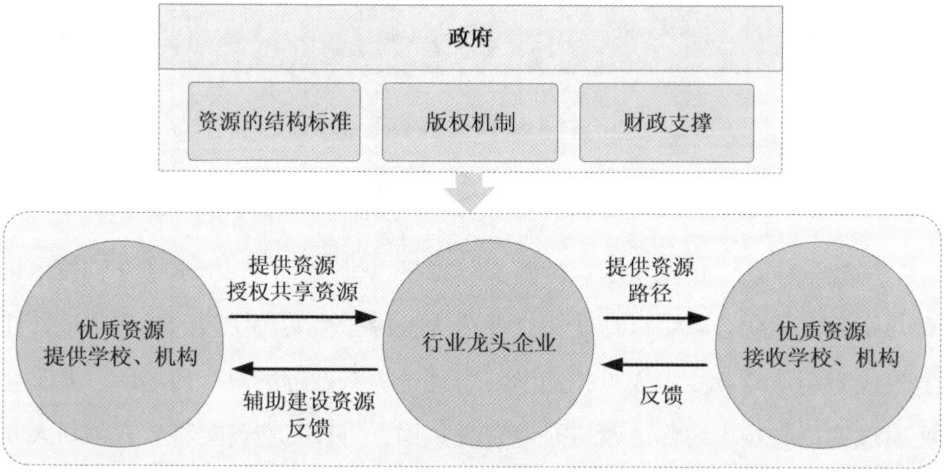

图 1-11　新型信息、人才、技术与物质资源共享机制

产业配置不在于拥有全产业链及全价值链，而在于通过有效组织、分工协作打通整个产业链及价值链，从而不断地为最终用户创造创新价值。在产业发展的过程中，产业组织者要能够设计产业发展模式与路线图，并能引导、调动各类产业要素聚合于特定的产业领域，共同促进产业孵化、产业链培育及产业成长。产业生态环境中的龙头企业、产业联盟、政府组织等都可能成为产业组织者，不同的产业组织者具有不同的资源和能力。企业能够把

海量的工业数据转化为信息，把信息转化为知识，把知识转化为科学决策，从而应对和解决工业的复杂性和不确定性，不断提高资源的配置效率。

未来，共享经济发展的新亮点将出现在产业的各领域，资源共享将对未来的经济产生根本性的影响。共享工厂就是社会生产分工巨大变革的产物，它的本质是定制和外包，是产能共享、按需生产。共享工厂改变了生产、技术、物流、人才、资本等资源的原始配置方式。共享工厂的四大模式见表1-2所列。

表1-2　共享工厂的四大模式

模式	典型案例	特点
整合型共享	淘工厂	阿里巴巴构建的淘工厂平台，通过整合平台上的数万家企业的制造能力，实现了“一个订单，多家工厂加工”的在线协同模式，为淘宝卖家提供定制化的生产能力供给服务
开放型共享	海立方	向全社会分享技术、设备、资金、供应链等资源，同时又利用平台上汇聚的资源创新企业管理模式。目前，该平台已集聚了50多亿元的创业孵化资金、1300多家风险投资机构、3万多家销售渠道资源、6万多家加工制造资源和98家孵化器资源
高能型共享	爱创客	既是支撑中航工业开展业务的技术平台，也是汇聚、整合、共享航空工业设计、增材制造等专业资源，以及政府、科研院所、供应链等企业资源的聚合平台
共性工厂	瑞达家具（共性工厂）环保治理中心	广东中山大涌镇的瑞达家具（共性工厂）环保治理中心的集中式喷漆废气处理项目，可为中小型家具企业解决喷漆尾气、废水处理问题。该项目为企业提供场地、喷漆房和环保处理设施，可同时服务10家企业。家具企业不仅可以“拎包入住”，还可以利用这些设备承接其他企业的喷漆需求

随着智能制造热度的高涨、在改造现有的生产单元和生产线，建立智能车间、智能工厂方面，很多企业苦于既无技术又无资金，但通过“共享工

厂”则可解决这个难题。例如，通过对生产车间不同设备之间的系统整合，实现生产车间的整体优化控制。在此基础上，用户可以租赁已经建好的智能工厂或使用智能车间开展加工制造，按照加工产品的数量付费。对用户而言，他们不再需要投资建设生产线、车间、厂房；对企业而言，它们可通过更丰富的方式实现盈利。

1.3.2 行业龙头产业应用创新是高等教育新工科建设的核心

1.3.2.1 行业龙头企业技术勇立潮头，赋能新工科教育变革

为把我国建设成为智能制造强国，高校应大力推进新工科专业建设。随着新工科教育的全面推进，部分学校缺少新工科教育所需的师资团队，也欠缺能够匹配产业需求的人才培养方案、课程体系和实验实训器材，这成为高校新工科教育的一大痛点。各类行业龙头企业刚好可以凭借自身的技术领先优势赋能高校，联合广大院校开展师资培养、专业课程打造、实训基地共建、技能认证及竞赛等多维度校企合作。

行业龙头企业技术与新工科教育是双向赋能的关系。如图1-12所示，教育赋能技术，而技术可以重塑教育。行业龙头企业可以打造高校教育生态圈，在师资培养上，向教师科研人员提供科研软硬件平台，让他们进行项目开发，提高他们的科研能力；在专业课程打造上，设置专业基础课、专业核心课、专业选修课和综合实践课，根据不同阶段侧重点的不同进行教材和实训产品的合理配置，以满足各年级学生的教学及实训需求；在实训基地共建上，根据人才培养体系教学方案要求，建设实验实训室，为学生提供学习实践技能的场所；在技能认证及竞赛上，提供教育部“1+X证书”认证、竞赛组织和社区交流等服务。

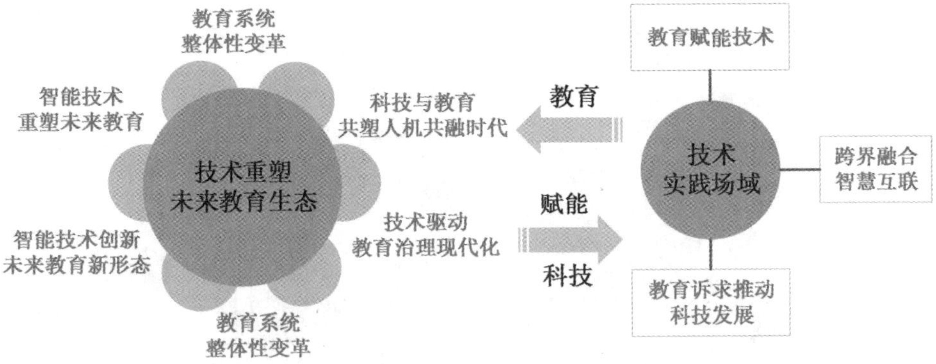

图1-12　行业龙头企业技术与新工科教育双向赋能

为了精准匹配高校用户的需求，行业龙头企业可以分别面向学校、老师、学生提供体系化的合作方案。面向院校，提供学科建设、产学研合作、国际交流等软硬件资源服务；面向老师，提供师资培训、学术交流、协同育人教学、实训、科研等服务支撑；面向学生，针对对接产业人才岗位能力标准提供技能认证、竞赛、创业就业辅导等服务以提升学生的个人竞争能力。根据不同院校、不同专业的需求，企业可以提供定制化的教育解决方案，并且方案和教材都会随着技术的发展不断更新。此外，行业龙头企业应面向本科院校和职业院校推出完善的赛事体系，给老师提供展示和验证教学和科研成果的平台，为学生将来的就业或创业提供宝贵的经验。在学生的教育阶段和就业阶段之间，企业可以通过相应的新工科教育解决方案，实现教育与产业的贯通。

1.3.2.2　行业龙头企业产品迭代，推动校企成果创新与转化

在技术更新和产业转型升级的背景下，行业龙头企业产品的不断迭代可以推动校企成果的创新与转化，是推动高等教育新工科建设的核心动力。高校是技术革新、产业转型、知识积累的前沿阵地，其发展离不开行业龙头企业的支持。行业龙头企业产品迭代对科研成果创新与转化的推动过程如图1-13所示。

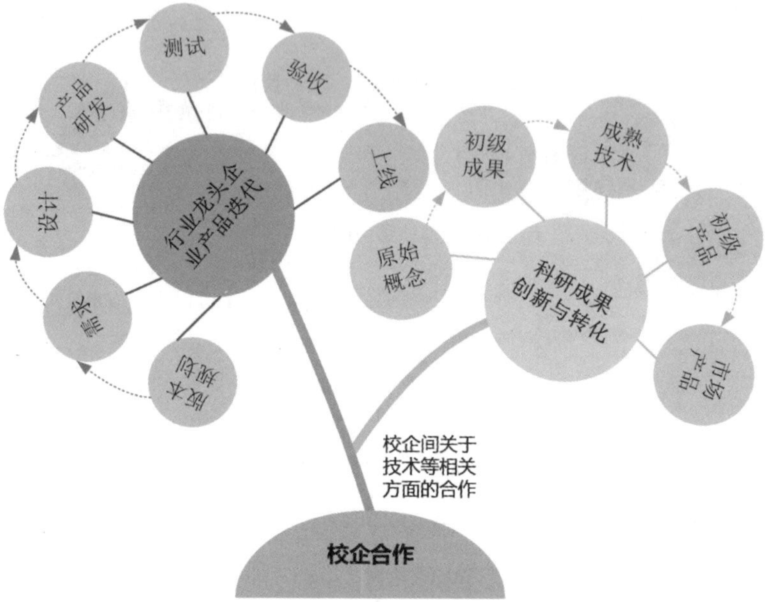

图1-13　行业龙头企业产品迭代对科研成果创新与转化的推动过程

一是通过产品更新，形成“双百”产业集群。中微、天芯等科技类龙头企业先后实现“四轮驱动”，引领行业技术创新、促进行业升级、推动产业创新。同时，以“十四五”规划为指导，加大“五位一体”产业布局，推动企业转型升级，促进企业高质量发展。例如，中核、天工等企业积极响应国家号召，积极开发具有自主知识产权的高端技术、高端装备，在“一带一路”共建国家开展高端制造、智能制造等产业示范工程，不断促进高端技术的转化。

二是通过产业迭代，建立创新链。科研院所、学校、企业等多方主体合力，为高等教育领域技术创新提供人才保障。例如，天津大学、天津科技大学、北京邮电大学等高校已相继建立以创新为支撑的产学研合作平台和专业化服务体系，打造了园区内科研机构与研发机构协同共赢的新格局。校企联合培养人才，将科研成果与专业知识相结合，可以构建以研发成果为核心的新工科教育体系。

在原有的基础上，龙头企业应结合校园的优势，进行产品与产业的迭代，在项目实施过程中，开展校企联合，让高校了解企业面临的市场业务需求，让科研团队了解企业技术需求，也让企业了解科研团队的技术储备，降低调研和沟通成本，为双方进一步合作奠定基础。此外，龙头企业可以组织形式多样化的校企精准对接系列活动及科技创新服务相关讲座，将企业需求与高校技术优势结合起来，进一步助力创新成果的转化。

1.3.2.3 行业龙头企业技术的国际化进程推动新工科技术形态革新

在全球化的今天，行业龙头产业已经从最开始的单一的加工制造向多元化的加工制造与创新服务转变。在国家政策的大力支持下，我国行业龙头企业的技术得到了快速发展。企业的应用领域逐渐多元化，技术领域的龙头企业逐渐增多。国际上对高等教育新工科建设的关注点主要集中于技术、人才、产业三个方面，而国内对于技术领域的关注较少。在技术国际化进程的推动下，国内高校对新技术的投入不断提高。高等教育新工科建设需要从技术国际化的视角出发，探索新的技术形态和模式，推动人才培养向技术领域、专业领域和企业领域转移。技术国际化进程对新工科建设的推动过程如图1-14所示。

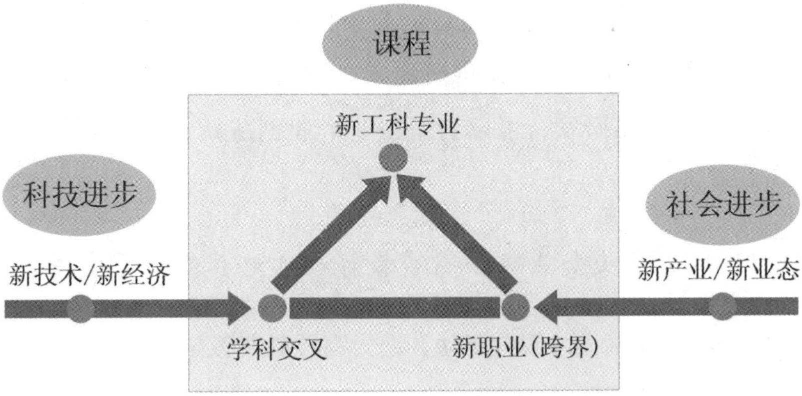

图1-14 技术国际化进程推动新工科建设

技术形态是新工科建设的核心要素，新技术的发展离不开技术创新。新技术的应用是技术进步的重要保证，是推动产业转型升级的关键。新技术开发不仅能够推动产业发展，而且对人才培养、技术创新具有积极作用。一方面，在产业技术的发展过程中，企业以创新引领为根本，以技术为驱动，形成产学研协同新局面。企业在设计、开发、生产、销售、服务和研发过程中应将创新资源与企业自身发展有机结合，建立创新资源共享机制，实现产学研协同创新。另一方面，企业通过新产品开发，可以提高核心竞争力。在项目实施过程中引入新技术创新，可以有效促进企业技术创新能力的提升，增强企业的竞争力。

新技术的出现，改变了传统产业的形态，也改变了生产方式，推动了生产要素的重新配置，为产业转型创造了条件。例如，物联网、5G等新兴技术的出现给传统生产模式带来了巨大的变革，对传统制造业、服务业、工业等产业带来了颠覆性的影响。当前，我国高等教育新工科建设正在从技术型向应用型发展，新技术形态与新产业不断融合。在新技术开发过程中，新技术的应用创新需要利用新资源，推动新产业的发展，促进技术升级、创新和产品创新。新技术的应用，不仅可以促进高校发展新科技、提高高等教育质量，而且有助于促进高等教育的创新。新技术、新模式、新材料的产生，会促进新技术与产业的融合。从产学研融合的角度来看，技术与创新融合是高校新的突破口。高校要充分发挥新研发的支撑作用，不断推进科研成果转化，提高科研成果的转化率，从而推动高校创新发展。新技术和新产品研发，可以为新工业产业创造新价值，将新的产业价值转化为新经济。

1.3.3 行业龙头企业融合高等教育人才培养新体系变革

1.3.3.1 校企技术人才双向互动，助力高校教育教学提质增效

高校拥有可塑性强、思维活跃的在校学生，从事教育及科研工作的专业教师，前沿的科技信息，较先进的科研设备，等等。企业有理论水平、专业技能水平较高，有着丰富的实践经验，口头表达能力较强的技术人员，能够提供实践平台和产品产业化平台，把科研成果商品化、产业化，并擅长经营管理及对市场需求信息进行准确把握。

校企技术人才双向互动由高校教师担任人才培养的专职实践教师，企业职工担任兼职实践教师。教学课程划分为理论教学课程和实践教学课程，其中理论教学课程主要由校内教师授课，实践课程由企业教师授课。专职教师利用寒暑假时间到企业挂职提升实践操作能力；企业兼职教师定期由高校教师开展理论培训，由企业提供技能提升培训，从而确保校企教师能够在理论和实践能力上得到全面的提升。

校企技术人才双向互动可以助力高校教育教学提质增效，学校教师为学生提供基础理论知识的教学，企业教师传授产品基本生产流程和企业文化知识给学生，学生积累基础知识后进阶为学徒。学徒正式进入专业性岗位实践，接受学校理论专业知识与企业实操技能交叉培训，不断提高技术水平，进阶为技术工人；再通过专业的理论学习和技术能力实践培训的交叉学习后，进一步成为高级技术工人；高级技术工人在工作岗位上对理论知识和技术实践不断钻研与创新，在产品生产之余不断进行技术创新，提高生产效率，进阶成为技术专家；技术专家可以发挥自身的技能和创新能力，形成一套独有的理论和实践体系，在国家政策和资金积累的支持下，实现创业。

1.3.3.2 企业高技能产业导师与学校“双师双能型”教师互为支撑

企业高技能产业导师与“双师双能型”教师是行业龙头企业人才培养中的重要力量，两者在人才培养过程中有着紧密的联系。高技术应用人才需要长期的实践锻炼，需要有丰富的实践经验，要能够解决企业实际的困难和问题。龙头企业在高技术人才的培养上具有突出优势，能够为高校提供丰富的技术支撑，让高校通过引入企业技术团队来培养高技术人才，在实践中提升企业整体水平，实现人才培养的长期稳定发展。在对高技能人才的培育上，龙头企业要以教师的职业能力为基础，通过专业培训，增加教师的专业能力，提高教师的专业素质，促进教师技能的提升。图1-15为企业高技能产业导师与学校“双师双能型”教师互为支撑共同培育人才。

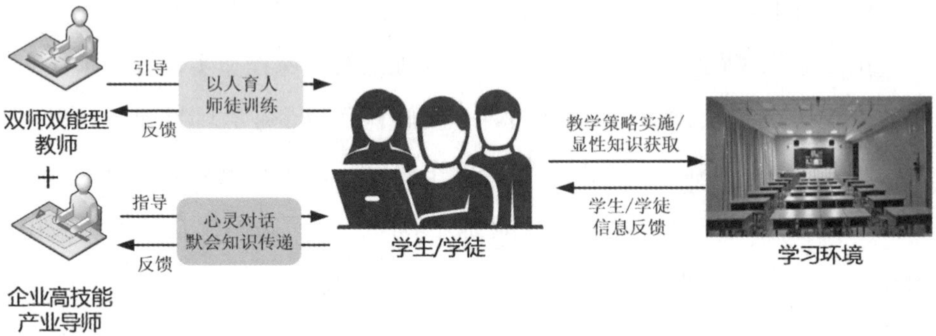

图1-15　企业高技能产业导师与学校“双师双能型”教师共同培育人才

高技能产业导师是企业高技术产业的领头者，在企业中担任高技术的引领者，对企业的战略发展具有重要的指导作用。高技能产业导师与高校教师可以共同带领学生按企业一线要求完成教学实践、理论成果物化，让学生作品以迭代递进的方式转化为产品，从而实现技术转移和成果转化。

高校在培养高技能产业岗位需要的高技能人才时，可以邀请企业高技能产业导师定期来学校讲课或就职，将企业的生产要素转化为高校人才培养过程中的要素。高校教师到龙头企业挂职进行实践锻炼，可以将自身的专业知识、技能等转化为企业的实践技能，实现对高技能产业的人才输出。教师在龙头企业的实践中，不仅可以获得龙头企业的高技术和技能知识，还可以掌握龙头企业先进的管理方法、管理思想，并成为龙头企业未来的发展动力。

1.3.3.3　产业竞争力和汇聚发展新动能提供人才支持和智力支撑

龙头企业在市场竞争中具有较强的竞争力，可以在激烈的市场竞争中获得优先生存和发展的机会。人才是龙头企业可持续发展的核心要素，是推动产业转型升级的关键因素，在促进产业创新的同时，也可以为龙头企业带来更高质量的产品和服务。行业龙头企业人才供应链系统如图1-16所示。

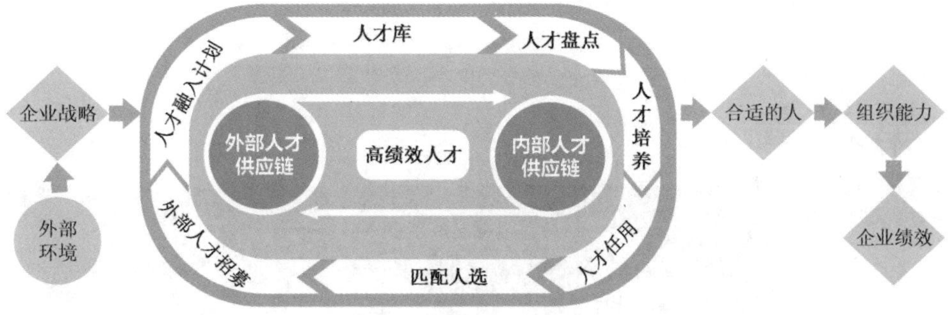

图1-16 行业龙头企业人才供应链系统

在新的时代背景下，人才已经成为企业创新发展的重要动力。龙头企业要抓住人才这一关键要素，发挥人才资源优势，提高产业核心竞争力，从龙头企业人才战略的角度出发，以人才为根本，通过人才的培养和引进等方式，为企业带来源源不断的人才。

人才是龙头企业产业竞争力和产业发展的支撑，龙头企业的可持续发展离不开高技能人才的支撑。人才的素质和能力是决定企业能否成功的关键因素。在龙头企业的发展过程中，高素质人才和高素质团队为龙头企业的战略目标和战略发展提供人才支持和智力支持。汇聚创新思维和运用创新手段可以促进龙头企业长远发展和提升创新能力，形成企业与企业、行业与行业、产业与产业、企业与社会之间的良性互动，不断增强企业的核心竞争力。

第2章 区域行业龙头企业支撑高校新工科特色产教融合发展架构

2.1 行业龙头企业与新工科特色产教融合发展

2.1.1 特色产教融合发展的内容

近年来，随着新技术的发展和社会经济的不断进步，龙头企业越来越受到社会各界的关注和重视。在此背景下探索一些新思路，有利于推动龙头企业与新工科特色产教融合的深入发展。

新工科特色产教融合是一种新型的产学研合作模式，它主要针对当前新工科教育存在的问题，将产业需求与教学内容有机结合起来，通过校企合作、项目实践等形式，培养具有实际应用能力和创新精神的工程技术人才。与传统教育模式相比，新工科特色产教融合具有以下三个方面的优势。

第一，贴近产业。新工科特色产教融合通过与龙头企业合作，将实际工作场景和实际工程问题引入课堂教学，使学生能够更好地理解和掌握知识。

第二，可增强实践能力。新工科特色产教融合注重培养学生的实践能力，通过实践项目和实验等方式，让学生能够将所学知识应用到实际工作中。

第三，可培养创新意识。新工科特色产教融合注重培养学生的创新意识和实际应用能力，使学生能够在实际工作中不断创新和提升。

在此背景下，龙头企业可以通过与高校合作促进产业升级和人才培养。首先，注重跨界合作，搭建产学研一体化平台。传统的教育模式常常将产业、学术研究和教育分隔开来，而新工科特色产教融合的理念要求打破这种界限。龙头企业可以积极与高校、科研机构合作，建立共享资源的平台，推动产学研三者有机结合，形成全方位、多层次的合作网络。通过这样的合作平台，学术研究成果能够更迅速地应用到实际生产中，为产业创新提供源源不断的动力。其次，倡导“双导师”制度，强化实践导向。新工科特色产教融合注重培养学生的实际动手能力和解决实际问题的能力。因此，龙头企业可以与高校合作，实施“双导师”制度，使学生既有学术导师，又有企业导师。企业导师可以在真实的工作环境中为学生指出实际生产中的问题和解决方案，引导学生更好地将理论知识运用到实践中。这样的制度有助于缩小理论与实际之间的鸿沟，使学生更好地适应未来职业发展的需求。最后，推动创新文化融入教育体系。龙头企业在新工科特色产教融合中的角色不仅仅是提供实践机会，更应当成为创新文化的引领者。龙头企业应当在高校合作中推崇创新理念，将创新文化融入教育体系之中，鼓励学生敢于创新、勇于尝试，培养他们解决问题的能力和创新的思维方式。这种创新文化的渗透不仅有助于学生的全面发展，也能为龙头企业注入更多创新动力。

2.1.2 特色产教融合发展的基本架构

特色产教融合是为适应新工科、新农科、新文科的发展需求而提出的一种创新教育模式。其发展架构需要全面考虑多方面的因素，以构建一个有机而完备的体系，促进学校、产业和科研的深度协同发展。区域行业龙头企业支撑高校新工科特色产教融合发展模式与路径选择研究的框架如图2-1所示。

1. 发展特色与机理研究

新工科、新农科、新文科作为当前新工科教育的新兴方向，其发展特色与机理研究具有重要意义。首先，理解其发展特色是理论研究的基础。新工科注重实用性，体现双师性，即产业导向与学科导向相结合，通过产业与教学的双重导师体系，使学生既能获得实际应用技能，又能深入进行理论研究。新农科强调实践性，通过深度实践活动，将理论知识与实际农业生产相结合，培养农业科技人才。新文科则加强复合性，旨在培养既有人文素养，又具备社会实践能力的复合型人才。其次，理论研究突出机理研究，深刻剖析新工科、新农科、新文科的发展机制。产业龙头在这一过程中发挥关键作用，通过产业需求引领课程设置与教学方向。技术龙头在新工科中扮演推动创新的角色，引导新技术的研发与应用。创新龙头通过开展前沿研究，推动学科范式的演进。这种产、学、研三方的协同关系是新工科、新农科、新文科发展的关键机理。最后，促进新模式发展是发展特色与机理研究的终极目标。龙头企业通过深入研究新工科、新农科、新文科的发展特色与机理，可以构建可持续发展的教育模式，为新工科教育提供创新的路径。这种新模式能够更好地满足产业需求，培养适应社会发展需要的人才，进而推动整个社会的创新与发展。

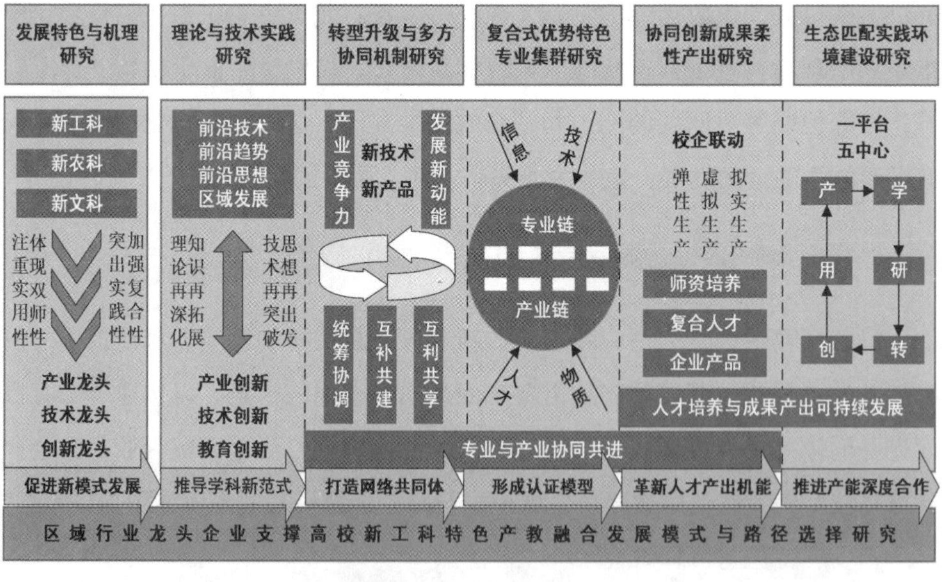

图2-1　区域行业龙头企业支撑高校新工科特色产教融合发展模式与路径选择研究框架

2. 理论与技术实践研究

首先，在面对前沿技术与趋势时，迫切需要对其背后的原理和逻辑进行深刻探讨。对理论的深度挖掘有助于更为准确地把握技术发展的方向，为实践提供更为精准的理论指导。其次，知识再拓展被视为推动研究不断前进的关键驱动因素。新知识的持续涌现拓宽了研究的视野，因此龙头企业需在现有知识体系的基础上不断深耕拓展，以实现更具前瞻性的目标。技术再突破是理论与技术实践研究的关键环节。由于前沿技术飞速发展，因此龙头企业要不断挑战和突破技术瓶颈，通过创新性的技术研究与实践，更好地适应并引领科技发展潮流。最后，思想再出发被视为推动理论与技术实践研究迈向新范式的内在动力。新思想推动学科发展，龙头企业要在思想上保持活力，不断迎接新挑战，推动学科持续创新。

3. 转型升级与多方协同机制研究

转型升级与多方协同机制研究的关键在于深度挖掘产业竞争力的内在机理，以发展新动能为导向进行多层面的协同机制研究。龙头企业对产业竞争力的研究需要考量产业技术、市场和制度等因素对自身竞争地位的影响，以深入理解产业演化的动态过程。通过发展新动能，即引入创新的技术与产品，可以实现产业的转型升级。这要求龙头企业深刻理解新技术与新产品在产业升级中的角色与作用，探究其在推动产业革命中的具体机制。为实现协同机制，需统筹协调多方面的资源，包括技术、市场、资金等，以促进新模式的发展。互补共建与互利共享的概念体现了多方利益主体之间的合作与共赢。各主体通过整合资源优势，形成共同体，从而推动整个产业生态系统向更高效、创新的方向演进。对于新技术与新产品的引入，不仅要考虑技术创新本身，还要注重其在网络共同体中的协同效应。这要求龙头企业在技术与产品开发中融入协同思维，倡导资源共享与信息交流，以实现技术与产品的优势互补，推动整个网络共同体的协同创新。在升级转型过程中，应注重制定切实可行的战略，以实现产业链上下游的有机衔接。建立紧密的产业关系，可以促使新技术、新产品更加顺利地在产业链中流通，从而为整个产业体系的升级提供持续动力。这种全方位的研究视角有助于推动产业的快速转型与升级，实现产业竞争力的可持续提升。

4. 复合式优势特色集群研究

信息和技术具有双重驱动作用。信息的获取和处理能力决定了专业集群的智能化水平，而技术的创新则是实现复合式优势的关键。引入先进的技术手段，能够实现对信息的高效利用，从而推动专业链的升级。人才是复合式优势的核心。专业集群需要具备多层次、多领域的人才，以适应不断变化的市场需求。应培养既具备专业深度又具备跨学科知识的复合型人才，以推动产业链的创新和发展。物质资源是支撑专业集群可持续发展的基础。物质资源的高效配置和利用可以确保专业链的顺畅运转。研究物质资源的整合与协同，可以最大程度地提升专业集群的整体效益。专业链与产业链的协同发展是复合式优势的关键环节。建立专业与产业协同共进的机制，可以促进产业链上下游环节的紧密衔接，从而形成一个有机的生态系统。这种协同发展不仅促进了经济效益的最大化，也提高了专业链的整体竞争力。建立一套科学的认证机制可以有效提升专业集群的整体水平，推动产业链的升级。认证模型不仅可以为专业链提供标准化的参照，也有助于产业链的可持续发展。

5. 协同创新成果柔性产出研究

通过建立紧密的校企关系，实现产学研的深度融合，学校与龙头企业可以共同规划研究方向，共享资源，提高研究的实际应用性。这种联动机制为协同创新提供了有力支持，促进了创新成果的产出。弹性生产和虚拟生产是研究的两个重要方面。通过弹性生产模式，龙头企业能够更好地适应市场需求的变化，提高产出的灵活性。虚拟生产则使得实验和模拟更加便捷，有助于降低研究成本，加速创新的步伐。拟实生产作为创新的中间环节，强调了在实际生产前进行有效的模拟和验证。这一步骤有助于减少潜在风险，提高创新成果的成功转化率，使得产学研三方更加紧密地结合在一起。师资培养是保障协同创新的重要因素。通过培养具备复合能力的高水平人才，学校和龙头企业能够更好地适应快速变化的科技环境，推动协同创新的不断深化，这也使得创新成果更具可持续性。协同创新在人才培养与成果产出上的可持续发展，可以实现人才的高效利用和不断优化，能够为产学研的可持续发展提供稳固的基础。

6. 生态匹配实践环境建设研究

统一平台的构建旨在打破学科壁垒，为“产—学—研—转—创—用”提供有力支持。平台整合资源、优化服务，为创新生态系统的互联互通提供坚实基础，推动科研成果的快速转化与应用。五个中心的设立涵盖了产业、学术、研究、转化和应用等方面，形成了多层次、全方位的合作网络。这为不同层次、不同领域的合作提供了更加灵活和多样的机制，有助于实现产业创新链与学术研究链的有机结合。“产—学—研—转—创—用”的全链条合作模式是生态匹配实践环境建设的核心。各个环节的深度合作，不仅推动了产学研之间的密切互动，还促进了科研成果的转化与应用，使创新生态系统能够更好地服务社会需求。人才培养与成果产出的可持续发展是研究的关键目标。建立全方位的人才培养机制，可以使学生在实践中不断提升能力。同时，应推动科研成果的可持续产出，实现技术和知识的持续创新。推进产能深度合作是研究的战略指导。深度合作可以实现不同领域、不同龙头企业间的资源共享，推动整个创新生态系统的高效运转，为经济社会的可持续发展提供有力支持。

2.1.3 特色产教融合发展的主要目标

“注重实用性、体现双师性、突出实践性、加强复合性”的特色新工科产教融合发展模式，遵循应用型、复合型、创新型发展规律，可以探索产业链、创新链、教育链的有效衔接机制与发展新路径，为提高产业竞争力和汇聚新工科教育发展新动能寻找新机遇，助推新工科教育发展。区域行业的产业龙头、技术龙头、创新龙头企业支撑高等教育特色新工科发展，围绕资源优化共享、产教网络节点构建、双向人才互动、产业技术创新驱动等全面推动人才培育新体系与新模式形成，逐步形成新路径，最终构建行业龙头支撑新工科特色实践平台。

1. 龙头引领，跨界融通

打破产业与教育供给壁垒，跨界融通“产—学—研—转—创—用”一体化实践体系，催生行业的“三龙头”（产业龙头、技术龙头、创新龙头企业）与高等教育新工科创新实体的统一与形成。

2. 特色发展，换轨超车

从与特色新工科相关联的区域支柱产业、优势企业、核心技术创新代表中遴选出一批行业龙头企业，构建与新工科教育专业体系相配套的系列区域性特色产业集群，形成一个具备技术性、职业性、技能性、技术性多主体并存的新工科资源体系，为新工科教育群体打造出适合教育与产业协同发展的“换轨超车”新路径。

3. 模式创新，变形变革

区域行业龙头企业将产业、技术、创新资源导入学校，围绕复合式办学、行业支撑技术资源，在产业技术网格化中实现行业与教育创新资源“双导入、双驱动、双特色”，变革新产品、新工艺、新技术、新文化、新内涵，推动产业有效促进教育教学变革。

高校新工科特色产教融合发展的主要目标是将产业和教育紧密结合，推动产业升级和转型，培养符合产业需求的高素质人才。这种发展模式涉及教育、产业、科技等多方面的合作和融合。第一，高校需要建立产学研一体化的人才培养模式，将理论和实践有机结合，让学生能够在实际产业环境中学习和实践，掌握实际技能和解决实际问题的能力。同时，教育机构需要与龙头企业合作，共同开发、制定课程、教材和实践项目，以保证课程内容紧密贴合实际产业需求。第二，高校需要加强产业对教育的引领作用。产业界需要积极参与高校的教育活动，提供实践机会，推动教育与实践相结合。高校需要借助产业的智力资源，不断创新教学内容和方式，提高学生适应市场需求的能力。第三，高校需要积极推动产业界与自身之间的技术创新和研发合作，加强产学研合作。高校的教师和学生可以参与产业项目的研发，为龙头企业提供技术支持，促进产业技术升级和产业结构调整。第四，高校需要搭建校企合作平台，促进学生实习、就业和创业，为学生提供实践机会和就业渠道，同时为龙头企业提供人才和技术支持。这种合作关系的建立既可以促进产业人才的培养和就业，也可以推动龙头企业的发展。第五，高校需要建立长期稳定的合作关系，形成产学研紧密结合、互利共赢的产业生态系统，促进经济发展和社会进步。这需要高校和产业界共同努力，不断创新和完善合作模式和机制，提高产业人才的质量，实现高校和产业的互惠共赢。

2.1.4 协同特色产教融合发展的建设

在新工科教育的背景下，龙头企业应与高校建立紧密合作关系，共同探索并解决行业发展中的技术难题，以推动行业发展和提升新工科人才的实践能力和创新能力。

具体来说，高校可以为龙头企业提供以下四个方面的支持。

（1）科研支持：高校具有丰富的科研资源和人才储备，可以为龙头企业提供专业的研究和技术支持，帮助龙头企业解决技术难题和创新问题。

（2）人才培养：高校可以为龙头企业提供优质的人才培养服务，为龙头企业输送高素质的人才。同时，高校可以为学生提供与企业紧密结合的实践机会，让学生在实践中获得更多的经验。

（3）产学研合作：高校和龙头企业可以共同研发和推广新产品，建立产学研一体化的合作关系。例如，高校可以为龙头企业提供专业知识和科研支持，龙头企业可以提供技术支持和市场资源。

（4）创新创业支持：高校可以为学生提供创新创业支持，如创新创业教育、创业孵化平台、投资基金等，使学生在创新创业方面有更多的机会。

龙头企业可以为高校提供以下三个方面的支持。

（1）技术支持：龙头企业可以为高校提供行业内的最新技术、最新应用场景、最新市场需求等方面的信息，让高校能够更好地把握行业发展趋势，更好地服务于行业发展。

（2）实践项目和实践环境：龙头企业可以为高校提供实践项目和实践环

境，帮助学生提高实践能力和解决实际问题的能力。同时，高校也可以为龙头企业提供专业技术人才和科研成果。

（3）市场资源：龙头企业可以为高校提供市场资源，如市场需求信息、销售网络等，帮助高校更好地将科技成果转化为市场产品。

综上所述，龙头企业可以提供行业内的最新技术、最新应用场景、最新市场需求等方面的信息，以及实践项目和实践环境，为高校学生提供实践机会和创新创业平台。同时，高校可以为龙头企业提供研究力量和创新思路，为龙头企业提供专业技术人才和科研成果。这样的合作关系将有助于双方在技术研发、人才培养、市场拓展等方面形成合力，提升行业创新能力。

具体的协同创新能力建设包括以下四个方面。

（1）联合研究与开发：龙头企业与高校可以合作开展研究项目，共同探索新技术和新应用。例如，联合研究人工智能、物联网、大数据等领域的技术，开发符合市场需求的产品。

（2）人才培养：龙头企业可以为高校提供实践项目和实践环境，帮助学生提高实践能力和解决实际问题的能力。同时，高校也可以为龙头企业提供专业技术人才和科研成果。双方可以联合举办实践项目、实习和创新创业大赛等活动，为学生提供更多平台。

（3）产学研合作：龙头企业可以和高校共同研发和推广新产品，建立产学研一体化的合作关系。例如，龙头企业可以提供技术支持和市场资源，高校可以提供专业知识和科研支持。

（4）共享资源：龙头企业与高校可以共享资源，提高研发效率和市场竞争力。例如，龙头企业可以提供设备和实验室，高校可以为龙头企业提供科研成果。

2.2 行业龙头企业与新工科产教融合发展模式

2.2.1 行业龙头企业与新工科产教融合的核心模式与基本特征

行业龙头企业与新工科产教融合是一种产学研紧密合作的模式，主要目的是促进产业升级、技术创新和人才培养。行业龙头企业与新工科产教融合的核心模式是“企业＋高校＋政府”的合作模式，即龙头企业与高校合作，政府提供政策和资源支持。具体而言，该模式包括以下三个方面。

（1）产学研联合实验室：该实验室是龙头企业和高校共同建立的，旨在利用各自的技术、资源和人才优势，共同研发新技术、新产品和新工艺，提高产业技术水平。该实验室可以采取股权合作、技术合作等形式，合作双方共同分享研发成果和利益。

（2）产学研人才培养：该培养模式是企业和高校共同开展的，旨在培养适应产业发展需要的人才，包括实习生、毕业生、博士后等，提高产业人才素质。该培养模式可以采取双向培养、产学结合等形式。龙头企业可以向高校提供实践场所、实践项目等，高校可以向龙头企业提供专业知识、技术支持等。

（3）产业园区建设：政府在园区内为企业提供基础设施和服务支持，为产学研合作提供条件保障。政府可以通过土地、税收等政策扶持，吸引优秀的企业和高校入驻园区，形成具有产业竞争力的产业集群。园区内的龙头企业和高校可以共同利用园区内的资源和平台，开展产学研合作。

龙头企业与新工科产教融合的基本特征包括以下四个方面。

（1）产学研深度融合：产学研之间的合作不仅局限于表面上的合作，更是技术、人才和资源等方面的深度融合。龙头企业和高校可以共同利用资源和优势，形成互补性的合作关系。政府在产学研合作中发挥协调和支持作用，推动合作不断深入。

（2）产业链条完整：龙头企业和高校在产业链条上的合作不仅局限于某一环节，而是涵盖整个产业链，即从研发、设计、生产到销售和服务。龙头企业和高校可以根据各自的专业特长，开展产业链条上的合作，提高整个产业链的效率。

（3）前瞻性和创新性：随着新工科产教融合的发展，龙头企业与高校之间的合作越来越密切。这种合作旨在将高校的新工科教育和龙头企业的实际需求结合起来，以培养具有前瞻性和创新性的人才，为企业和社会创造更大的价值。行业龙头企业与高校合作，可以推动技术创新和产品创新，通过共同研发、共享技术和知识产权等方式，为市场提供更具有前瞻性和创新性的产品和服务。

（4）知识产权保护：在产教融合的过程中，龙头企业和高校之间往往需要共享技术和知识产权，这就需要双方在知识产权保护方面进行合作。龙头企业与高校共同研发和创新，需要在知识产权的保护和分配方面进行合作，包括对合作方案进行评估，以及知识产权的注册、分配和转让等方面的合作。在研发新产品和技术方面，龙头企业和高校往往需要申请专利来保护其知识产权。在产教融合中，龙头企业和高校需要共同制定专利保护策略，确保知识产权的合法性和有效性。龙头企业与高校需要建立有效的知识产权保护机制，确保合作过程中的知识产权保护。

2.2.2 基于行业龙头企业的新工科特色产教融合运行机制

基于行业龙头企业的新工科特色产教融合运行机制通过龙头企业与高校的深度合作，建立新工科特色产教融合模式，旨在培养适应产业发展需要的高素质、复合型人才。下面详细说明该模式的具体运行机制。

1. 教学机制

在教学方面，机制的核心是建立灵活而紧密的产教融合课程体系。教学内容由高校和龙头企业联合制定，结合龙头企业的最新技术和实际需求，确保学生学到的知识能够迅速应用于实际工作。行业专家和龙头企业的技术骨干作为兼职教师，可以提供最前沿的产业经验和实践指导。

2. 科研机制

科研机制鼓励教师参与龙头企业相关的科研项目，通过产学研的深度合作，促进科研成果的产业化转化。龙头企业可以设立面向新工科特色研究的专项经费，支持师生开展具有实际应用前景的科研项目。同时，校企建立产学研联合实验室，可以为学术研究提供与实际产业密切相关的实验条件。

3. 人才培养机制

人才培养机制通过灵活多样的人才培养方案，确保学生在获得专业知识的同时，培养学生的创新能力、团队协作精神和实际问题解决能力。引入龙头企业人才培养方案，可以确保学生的培养路径符合龙头企业的用人需求。

4. 选人用人机制

高校教师有机会参与龙头企业实际项目，通过实践提升自身专业水平。同时，龙头企业技术骨干也可获得高校客座教授或研究员的资格，以提升龙头企业员工的专业素养。引入龙头企业评审委员会，可以确保人才的选拔更贴合产业发展的需要。

5. 激励机制

激励机制包含多层次的激励措施。教师通过产学研合作项目的实施，可以获得额外的科研经费、专利收益等激励。龙头企业技术骨干参与高校教学，可获得师资培训、科研支持等激励。设立“产教奖学金”或“龙头企业实践基金”，可以鼓励学生积极参与产业实践。

6. 评价机制

在评价方面，机制注重对综合能力的评估。除了传统的学科知识考核，评价机制还增加了对实际工程项目的评价，以此考查学生的创新能力、实践能力等。在教师的绩效评价中，加入产学研项目的贡献度作为评价因素，可以引导教师更加关注实际产业需求。

这六大机制相互交织，形成了一个有机的系统，确保了高校与龙头企业的深度合作。新工科特色的产教融合运行机制实现了人才培养、科研创新和产业需求的紧密结合，推动了高校产学研的转型升级。

2.2.3 行业龙头企业与新工科产教融合发展模式的迭代优化

新工科产教融合发展模式将产业和新工科教育有效结合起来，充分发挥市场需求和人才培养的互动作用，实现产业和人才的双赢。同时，龙头企业作为各个行业的领头雁，拥有丰富的市场资源和行业经验，具有引领行业发展的重要作用。因此，龙头企业与新工科产教融合发展模式的结合，将有助于推动行业技术的升级和发展，提高人才培养质量和市场竞争力。然而，在实践中，新工科产教融合发展模式也存在着一些问题和挑战，如产业和新工科教育之间的信息不对称、培养目标不够明确等。因此，龙头企业与新工科产教融合发展模式的迭代优化，将有助于进一步解决这些问题，推动新工科教育和产业的更好发展。迭代优化方向包括但不限于以下五个方面。

1. 产教融合日益深入

产教融合是产业和新工科教育的紧密结合，是解决当前人才培养与龙头企业用人需求之间脱节的有效途径。龙头企业可以和高校进行更深入的合作，如共同开设课程、合作开展科研项目、共同组建实验室等，以更好地将教育和产业需求结合起来。通过这种方式，龙头企业可以更好地培养符合市场需求的人才，同时也可以为高校提供更多的实践经验和市场反馈，帮助新工科教育更好地适应市场需求。

2. 科技创新带动发展

科技创新是推动产业升级和发展的重要驱动力。龙头企业可以加大研发投入，积极开展科技创新，推动行业技术的发展和进步。同时，高校也可以积极参与科研项目，为行业提供技术支持和解决方案。这种合作模式有助于实现技术转化和产业化，同时也可以为高校提供更多的科研机会和实践经验。

3. 人才培养不断优化

龙头企业和高校可以根据市场需求，不断优化人才培养计划和教学方法，使毕业生更具备市场竞争力。龙头企业可以参与课程设置和实践教学，提供实践机会和就业指导，帮助学生更好地适应市场需求。高校也可以根据市场需求调整课程内容和教学方法，为学生提供更加实用和有效的教育。

4. 行业标准不断升级

行业标准是行业规范化发展的重要保障。龙头企业可以积极参与制定和更新行业标准，推动行业规范化发展。高校也可以将最新的行业标准纳入课程中，为学生提供更加实用和有效的教育。通过这种方式，行业标准和教育可以相互促进，为产业和人才的发展提供更好的保障。

5. 国际化合作继续发展

在国际化合作方面，龙头企业和高校可以积极开展国际交流与合作，与国外龙头企业和高校开展合作项目、联合培养人才等。通过国际化合作，龙头企业和高校可以引进国外的先进技术和管理经验，同时也可以将自身的优势带到国际市场上。这种合作模式有助于促进龙头企业和高校的国际化发展，提高龙头企业的国际化水平和竞争力。此外，国际化合作也有助于拓展人才和市场资源，促进人才和资本的跨境流动，为行业和新工科教育带来更多的机遇和挑战。

2.3 行业龙头企业与新工科产教融合发展趋势

2.3.1 校企协同互动的牵引式发展

基于新工科专业的多样化产业和技术特色，校企协同互动日益频繁。通过校企协同互动，龙头企业可以获取更多的优秀人才和技术资源，实现技术升级和转型，提高市场竞争力；高校则可以使教学与科研更加贴近市场需求，提高教育质量和人才培养效果。这样的互动能够形成牵引式发展，牵引式发展通过龙头企业需求导向和技术引领，以高校为支撑，可以形成积极向上的发展态势。这种模式既能够提高新工科教育的实践性和应用性，又能够满足产业的需求，推动产业的升级和发展。同时，这种模式还可以激发高校的创新活力和产业拓展能力，实现双方的共赢。

龙头企业处于行业的领先地位，其对人才培养的模式和规格要求也处在领先地位，且大型龙头企业在行业的领先发展中会碰到具有前沿性、挑战性的难题。因此，学校与龙头企业针对性共建基于行业企业特色、专业对口的多样化特色产教融合模式，形成“引园引企入教，变形变革生产”

的产学互动机制，才能更有效地促进学校新工科专业科研能力、教学能力的提升。

产业多样化的引导可以作为发展的动力。通过引导学科专业与多样化产业进行深度合作，学校能够更好地把握不同领域的实际需求。产业多样化为新工科专业提供了广泛的发展空间，同时也为学生提供了更加广泛的就业选择。高校在教学中应注重培养学生的技术特长，使其能够在特定领域具备核心竞争力。教学特色应当立足于产业的需求，旨在为学生提供更具实际应用性的知识和技能，使其更好地适应复杂多变的职业环境。产品需求可以作为成果产出的驱动因素。校企合作应当以产业的实际需求为导向，使学校的科研成果更具实际应用性。这种牵引式的模式有助于确保研究产出符合市场需求，推动科研成果更好地融入产业体系，促进创新的可持续发展。校企协同互动可以作为实现上述发展的桥梁。通过建立良好的校企关系，高校能够深入了解产业的发展动向，根据市场需求调整教学和科研方向。同时，校企协同互动也可以为学生提供更多的实习和实践机会，使其更好地融入产业实践，提升职业素养。

这一牵引式发展模式的关键在于对产业、技术、教学、成果的全面理解与协同。多样化产业的引导确保了学科专业的多元发展，如自动化和人工智能技术的发展推动机器人工程专业培养专业人才，可再生能源的兴起推动新能源科学与工程专业培养研究和开发可再生能源的专业人才，数字化、自动化生产的趋势推动数字制造工程专业培养专业人才。

技术特色的牵引保证了学生在专业领域的深度发展，产品需求的引导确保了科研成果更好地服务产业需求。同时，校企协同互动作为一种平台和载体，推动了上述元素之间的无缝衔接与互动。这一发展模式的优势在于，它不仅能够保持学科专业的深度，还能够拓宽专业的广度，使学生具备更全面的能力。技术特色和教学特色的有机结合，使学科专业更具实际应用性。产业与教学、科研的互动，确保了校方的教学和科研始终紧贴市场需求，从而更好地服务社会。

2.3.2 “人才共用-资源共享-成果共益”的特色发展

中华人民共和国教育部、工业和信息化部等部门发布了一系列文件，鼓励高校与龙头企业合作，促进产教融合的发展。其中，人才共用、资源共享、成果共益被认为是特色化产教融合的重要支撑。产业需要高素质的人才，而高校则需要与时俱进的实践机会和技术支持。产教融合可以实现资源的互补和优化，共同推进产业和教育的发展。当前，许多产业面临着市场竞争激烈、人才缺乏等问题，特色化产教融合可以通过产学研合作，培养适应产业需求的高素质人才，并提供技术支持和解决方案，帮助龙头企业提高竞争力。高校需要将教学与实践结合，提高人才培养的质量，实现学科专业与产业的紧密对接，提升学校的社会影响力和学科实力。

“人才共用”“资源共享”“成果共益”是支撑特色化产教融合发展的三大关键要素。这些要素在产业和教育领域有着紧密的联系，通过共享资源和成果来促进人才的共同培养和发展，以及为社会和经济发展作出贡献。

首先，“人才共用”强调的是共同培养和使用人才，即通过产业与教育的紧密结合，培养出具备专业技能的人才，为龙头企业和社会的发展提供有力支持。同时，龙头企业可以通过与教育机构合作，更好地了解行业需求，优化人才培养方案，从而更好地适应市场需求。龙头企业和教育机构可以共同利用和分享资源，包括技术、设备、实验室和教师等。这不仅有助于节约资源，提高效率，而且可以促进创新和发展，提高企业的竞争力。其次，“资源共享”可以提高教育质量，为学生提供更好的学习体验。最后，“成果共益”强调的是通过合作，产业和教育机构共同实现成果共享。这种合作不仅可以促进龙头企业和教育机构之间的互利共赢，还可以让龙头企业和教育机构为社会和经济发展作出更大的贡献。

“人才共用-资源共享-成果共益”能满足校企双方的不同需求，从根本上夯实高校特色化新工科实践型教学与龙头企业向更深层次发展的基础。

2.3.3 多维跨学科专业集群的精准化发展

特色新工科的学科建设能够满足现代产业对于人才的需求，通过跨学科的融合和应用的创新，能够促进各领域之间的交叉融合，从而推进产业的升级和创新发展。同时，特色新工科的培养模式注重培养学生的创新意识和实践能力，从而为社会输送高素质的人才。

在某一领域或行业中，按照职业特点、学科特点和人才培养需要等因素，以一定的学科交叉和整合方式，可以形成包括本科、硕士、博士等不同层次的多维跨学科专业集群。多维跨学科专业集群的构建是实现特色新工科的关键之一。建设多维跨学科专业集群，可以更好地培养具有跨学科背景和综合能力的高素质人才，从而满足不断变化的产业和社会需求，推动新工科教育与社会经济发展的良性互动。然而，特色新工科多维跨学科专业集群精准化发展还存在一些挑战和难点。例如，学科融合和课程设计需要高水平的师资队伍和教学体系的支持，龙头企业和产业的合作需要更加紧密的协同机制，在学科建设的过程中需要考虑各地区的实际情况和发展需求，等等。

第一，针对不同领域和产业的人才需求，选择具有代表性的学科进行整合。例如，在新能源领域，需要综合应用物理、材料、化学、电子等学科知识，开设能源工程、光电技术与电气工程等专业，形成多维跨学科专业集群。第二，实现多维跨学科的交叉和融合。多维跨学科专业集群的构建并不是将不同学科简单地堆砌在一起，而是要注重学科之间的交叉融合，促进学科之间的互补和创新。例如，在新媒体领域，需要将计算机科学、传媒学、设计学等学科进行融合，开设数字媒体技术、数字艺术设计等专业，培养具有多学科背景和综合应用能力的人才。第三，注重不同层次的专业之间的衔接和协调。多维跨学科专业集群的构建不仅包括本科专业，还包括硕士和博士专业。不同层次的专业之间需要进行衔接和协调，构建起一条完整的人才培养链，使从本科生到博士生的不同层次人才的需求都能够得到满足。第四，提炼特色。高校围绕新工科多维跨学科专业建设，依托龙头企业，提炼行业特色、找出校企共性，从共同课程开发、双元师资赋能、教学测评、技能认证、实训基地设计、精准就业、区域经济公共服务等多维度进行学科建设，实现跨学科专业群的精准化发展。

2.3.4 “产—学—研—转—创—用”的全链条闭环整合特色发展

在“产—学—研—转—创—用”全链条闭环中，产业、教学、研究机构和市场等多个环节相互协作、协同发展，实现了知识的转化和产业的升级。

产业环节是“产—学—研—转—创—用”全链条闭环中最为基础的环节。产业是经济的支柱，是支撑国民经济发展的重要组成部分。在现代经济中，产业已经从传统的以制造业为主导的模式逐步转变为以服务业为主导的模式，而这种模式的核心就在于技术创新。为此，必须要进行“产—学—研—转—创—用”全链条闭环整合。

教学是“产—学—研—转—创—用”全链条闭环中重要的组成部分。教学是一个不断追求知识创新和技术突破的领域，是创新的源头。在“产—学—研—转—创—用”全链条闭环中，教学要负责研发和创新，并将研究成果进行成果转化，为产业提供技术支撑。同时，教学也要密切联系产业的需求和市场的发展，以便将研究成果更好地应用到实际生产中。

研究是构建科技创新体系的核心，涵盖了高校的科研、龙头企业的科研和研究机构的科研。这一环节的深度融合和协同作用是推动整个创新生态系统向前发展的关键。高校作为知识的生成者，通过开展前沿科研项目和基础研究，为创新提供了坚实的理论基础。龙头企业通过与高校、研究机构等合作，共同开展创新性的科研项目，以满足市场需求，提高竞争力。这种产学研紧密结合的模式不仅能够加速科研成果的应用，还能够促使龙头企业更好地理解和应对市场的变化。研究机构通常拥有更为丰富的科研资源和技术实力，能够在特定领域深入开展前瞻性研究。研究机构的科研成果往往会成为推动整个产业创新的重要驱动力。研究机构可以通过技术转让、产业联盟等方式，将科研成果迅速推向市场。

转化环节是“产—学—研—转—创—用”全链条闭环中重要的一环。在转化环节中，成果转化具有多元化的模式。技术转让与授权是“产—学—研—转—创—用”中的传统模式，通过将科研成果转让给龙头企业或其他机构，可以实现技术的商业化应用。建立孵化器是促进“产—学—研—转—创—用”的重要途径之一。高校可通过设立创业孵化器，为有创新潜力的科研团队提供创业支持，帮助其转化为创新型企业。

创新环节是“产—学—研—转—创—用”全链条闭环中的重要环节。创新是经济发展的重要引擎，可以推动龙头企业和产业的升级和转型。在“产—学—研—转—创—用”全链条闭环中，创新要紧密结合市场需求，从而带动整个产业向更高层次发展。

应用环节是“产—学—研—转—创—用”全链条闭环中最终的环节。应用环节的目标是将创新成果成功地应用到实际生产中，形成实际的经济效益。在应用环节中，需要充分发挥市场机制的作用，鼓励龙头企业进行技术创新和产品创新，提高产业的整体竞争力。

产业需求与教学内容相衔接，实践教学与科技研发相嵌套，研究开发与技能培训相促进，高校科研成果转化与龙头企业持续创新相辅相成，最终形成层次分明且融会贯通的全链条闭环特色发展态势。在全链条闭环中，各环节需要相互协作、协同发展，形成一个有机的整体。只有实现全链条闭环的无缝衔接，才能够实现知识的转化和产业的升级，为经济发展提供强有力的支撑。

第3章

行业龙头企业支撑新工科特色产教融合跨界融通发展特色与机理

3.1 发展特色与规律

3.1.1 区域行业企业科技前沿承载新工科特色产教融合教育理论与教育技术

近年来，我国经济持续快速发展，各行各业对高素质人才的需求也越来越大。面对这样的需求，传统的教育方式已经无法满足人才培养的要求。因此，新工科特色产教融合教育成为当前教育改革的一个重要方向。随着科技的不断进步，新工科特色产教融合教育理论和教育技术的应用也在不断扩展和深化。新工科教育是面向未来的，它的目标是培养具有创新意识、实践能力和跨学科素养的工程人才。新工科教育不仅关注学生专业知识的学习，还注重对学生创新能力和实践能力的培养。新工科特色产教融合教育理论和教育技术是实现新工科教育目标的有效途径。

新工科特色产教融合教育是指在培养人才时，教育机构、企业和政府共同参与，以行业需求为导向，通过实践教学和项目实践，提高学生的实践能力和创新能力，培养能够适应行业发展需要的高素质人才。这种教育模式具有以下特点。

（1）教育机构、企业和政府共同参与。新工科特色产教融合教育是一种全方位、多角度的教育模式，需要教育机构、企业和政府共同参与。教育机构通过教学、实践等多种方式，提高学生的理论水平和技能；企业通过项目实践、实习等方式，培养学生的实践能力和创新能力；政府则提供政策和资源支持，为产教融合教育提供有力保障。

（2）以行业需求为导向。新工科特色产教融合教育是以行业需求为导向的，通过了解行业发展趋势和需求，调整人才培养的方向和重点，提高学生的实践能力和创新能力，从而培养更多的高素质人才，满足行业的需求。

（3）实践教学和项目实践。新工科特色产教融合教育注重学生的实践能力培养，通过实践教学和项目实践，提高学生的实践能力和创新能力。学生在实践中不仅可以掌握更多的实用技能，还可以锻炼自己的动手能力和团队协作能力。

区域行业企业科技前沿是新工科特色产教融合教育的重要组成部分。不同的行业都在不断地进行着科技创新，每个行业的科技前沿都是不同的。新工科特色产教融合教育应该关注不同行业的科技前沿，将行业的科技前沿融入教育中来，让学生了解各个行业的科技发展动态，培养学生的行业眼界。在区域行业企业科技前沿方面，高校可以与企业合作，共同开展科研项目。同时，学生可以参与到科研项目中来，通过参与科研项目，了解科技的最新动态，锻炼自己的实践能力和创新能力，也可以增加自身与企业的互动，更好地融入行业中来。

新工科特色产教融合教育理论是新工科教育的重要组成部分。它的核心是产学融合、教学融合、创新创业融合。产学融合是指大学与企业合作，共同进行科研等活动，让学生在实践中掌握知识。教学融合是指在教学中，将学生所学的理论知识与实际应用结合起来，培养学生的实际应用能力。创新创业融合是指在教育中注重学生创新创业意识的培养，让学生学会发现问题、解决问题，同时注重学生创新能力的培养，让学生具备独立思考和创新的能力。

新工科特色产教融合教育理论可以通过以下四个方面实现。

（1）联合开展实践教学。教育机构和企业可以联合开展实践教学，如联合开展实验室建设等，实现教育与实践的有机融合，提高学生的实践能力和创新能力。

（2）开展行业导向的项目。教育机构和企业可以开展行业导向的项目，如参与企业的研发项目、开展行业研究等，让学生了解行业的需求和发展趋势，培养学生的创新能力和解决实际问题的能力。高校可以与企业合作，共同进行科研等活动，让学生在实践中掌握知识。这样不仅可以增加学生与企业的互动，还可以让学生更好地融入行业中来。

（3）实施人才培养计划。政府可以制定人才培养计划，鼓励教育机构和企业开展产教融合教育，提高人才培养的质量和效果。同时，政府还可以提供资金和政策支持，为产教融合教育提供保障。

（4）建立产教融合教育平台。教育机构和企业可以建立产教融合教育平台，提供教育资源、技术支持和培训服务，促进产教融合教育的深入发展。政府可以通过建立政策支持机制，引导和鼓励教育机构和企业参与平台建设，推动产教融合教育的实施。

教育技术是新工科特色产教融合教育的重要支撑。教育技术的应用可以让教育更加智能化、高效化和个性化。在新工科特色产教融合教育中，教育技术可以通过以下五个方面的应用来实现。

（1）在线学习。通过在线学习平台和学习管理系统等教育技术工具，学生可以随时随地学习。这样不仅可以节省时间和成本，还可以让学生自主学习，提高学生的学习效率和兴趣。

（2）人工智能教育。人工智能技术可以根据学生的学习情况和特点，进行个性化教育。这样可以让学生的学习更加高效、智能、个性化，提高学习效率和成果。

（3）虚拟仿真实验。虚拟仿真技术可以帮助学生在虚拟环境中模拟真实情境，从而提高学生的实践能力和创新能力。通过虚拟实验系统，学生可以进行实验操作，这样不仅可以节省实验成本，还可以提高实验安全性，让学生更好地掌握实验技能。

（4）数字化教学资源。数字化教学资源，如网络课程、教学视频等，可以让学生更好地掌握理论知识，同时也可以给学生提供进行实践教学的素材和资源。

（5）大数据分析。大数据分析技术可以帮助教育机构和企业更好地了解学生的学习情况和需求，从而让教育机构和企业提供更加个性化的教育服务。通过大数据分析技术，教师可以实时监测学生的学习情况，及时调整教学计划，提高教学的效率。

新工科特色产教融合教育理论和教育技术的应用是未来教育的重要发展方向。它可以让学生更好地掌握知识，具备实践能力和创新能力，更好地适应行业和社会的发展需求。教育机构、企业和政府应该共同合作，推进新工科特色产教融合教育的发展，培养更多的高素质人才，为行业和社会的发展作出贡献。

3.1.2 区域行业龙头企业工程实践支撑特色新工科基础性与应用性实践

随着全球化进程的推进，各个地区的经济竞争力逐渐呈现出明显差异，区域经济发展也逐渐成为各地政府和企业关注的焦点。在这个背景下，区域行业龙头企业的发展对于区域经济的推动至关重要。为了实现区域行业龙头企业的发展，必须建立一套有效的工程实践支撑体系，同时充分发挥特色新工科的基础性和应用性实践作用，提升企业的竞争力和创新能力，推动区域经济快速发展。

为了支撑区域行业龙头企业的发展，必须建立一套有效的工程实践支撑体系，以保证企业的技术水平和管理水平不断提升。该体系主要包括以下五个方面。

（1）产学研合作。区域行业龙头企业应该积极与高校和科研机构合作，共同开展技术研究，加强人才培养，提升创新能力。

（2）建立科学的项目管理体系。区域行业龙头企业应该建立科学的项目管理体系，加强项目的过程控制和成果管理，提高项目的成功率和效益。

（3）建立质量管理体系。区域行业龙头企业应该建立科学的质量管理体系，不断提高产品和服务的质量水平，增强企业的市场竞争力。

（4）建立信息化管理体系。区域行业龙头企业应该建立信息化管理体系，提高企业的管理效率和信息化水平，推动企业的数字化转型。

（5）建立人才培养体系。区域行业龙头企业应该建立人才培养体系，提高员工的专业素质和综合能力，加强企业的人才储备和队伍建设。

特色新工科是指以新工科建设为引领，面向新工科领域，具有鲜明特色和实践基础的工科教育模式。特色新工科教育注重对学生实践能力和创新能力的培养，强调学生全面素质和综合能力的提升，旨在培养具有国际视野和创新精神的高素质工程人才。区域行业龙头企业应该充分发挥特色新工科的应用性和基础性实践作用，提高企业的技术水平和创新能力。特色新工科注重对学生实践能力的培养，强调将理论知识应用到实际问题中去。区域行业龙头企业可以通过与高校和科研机构的合作，引进新工科人才，利用其实践能力和专业知识，解决企业在技术创新和工程实践中遇到的问题，提高企业的技术水平和市场竞争力。特色新工科注重学生对基础知识和方法论的学习和掌握，目的是让学生在面对未来的复杂问题时能够运用自己的知识和能力解决问题。区域行业龙头企业可以积极开展基础性实践，引入新工科的理念和方法，提高企业的技术研发能力和工程实践能力。此外，企业还可以通过举办技术培训班、开展技术交流活动等方式，提升企业的技术创新和市场竞争力。

企业可通过以下具体措施支持新工科基础性与应用性实践。

（1）提供实践机会。企业可以为学生提供实习、实训、毕业设计等实践机会。这些机会可以让学生接触到真实的工作环境和工作内容，提高他们的实践能力。企业可以为学生提供短期实习机会，让他们在企业的实际工作中学习和实践。这可以帮助学生更好地理解理论知识，并提高他们的工作技能。企业可以为学生提供专业的实训课程，如现场操作、实验室实践等。这可以让学生在真实的环境中进行实践，提高他们的技能水平。企业可以提供有挑战性的毕业设计项目，让学生在实践中完成自己的毕业设计，同时也为企业解决实际问题。

（2）合作研发。企业可以与学校合作进行科技研发，让学生参与其中，加深学生对课堂理论知识的理解，并在参与研发项目的过程中培养学生解决实际问题的能力。

（3）资金支持。企业可以为学校建设实验室提供资金赞助，以提高学校的实验教学水平；为学校购买实验设备提供资金赞助，以满足学校实验教学的需求；为学校的科研项目提供资金赞助，以帮助学校开展更有价值的研究。

（4）人才培养。企业可以为学生提供职业发展指导和培训，帮助他们更好地适应未来的工作环境。企业可以通过以下方式进行人才培养。第一，职业发展指导。企业可以为学生提供职业规划和发展指导，帮助他们了解行业发展趋势和职业发展方向。第二，岗位培训。企业可以为学生提供岗位培训，帮助他们更好地掌握工作技能和工作方法。第三，专业培训。企业可以为学生提供专业培训，帮助他们深入学习专业知识和技能，提高综合素质。

区域行业龙头企业是推动区域经济发展和提高产业竞争力的重要力量，需要在工程实践支撑、技术创新、质量管理、信息化管理和人才培养等方面加强自身建设，提高企业的核心竞争力。区域行业龙头企业应该充分发挥其应用性和基础性实践作用，引入新工科的理念和方法，提高企业的技术研发能力和工程实践能力，从而推动企业的可持续发展。

3.1.3 行业龙头企业科技进步支撑特色新工科高契合度新型学科体系

近年来，科技进步对于各个行业的发展起到了越来越重要的作用。尤其是在高科技产业中，科技进步更是成为行业发展的主要驱动力。在这样的背景下，行业龙头企业的科技进步支撑着特色新工科高契合度新型学科体系的形成和发展。行业龙头企业的科技进步主要体现在以下四个方面。

（1）技术研发。行业龙头企业拥有雄厚的技术研发实力，能够投入大量的资金和人力资源进行科学研究和技术创新。通过不断地进行技术创新和研发，行业龙头企业能够推出更加先进的产品和更加高效的服务，从而提高自身的核心竞争力。

（2）产品创新。行业龙头企业要不断地进行产品创新，不断地推出新的产品，满足用户的不同需求。这样才能够提高用户的满意度，增加用户的黏性，同时也能够提高企业的市场占有率和盈利能力。

（3）生产制造。行业龙头企业在生产制造方面也具有强大的实力。它们能够通过不断的技术升级和工艺改进，提高生产效率和产品质量，同时也能够降低生产成本，提高企业的盈利能力。

（4）销售推广。在销售推广方面，行业龙头企业能够通过多种渠道和方式进行产品推广，扩大品牌影响力和市场份额。同时，行业龙头企业还能够根据市场需求和用户反馈，进行产品的不断改进和优化，从而实现销售额的增长和盈利能力的提高。

特色新工科高契合度新型学科体系是指通过以工程实践为主导，注重基础理论教育和创新能力培养的教育模式，培养出高素质的工科人才，并且使其具备适应未来发展需要的能力和素质的一种教育体系。特色新工科高契合度新型学科体系是近年来高等教育的一项重要改革。这种教育体系不仅能够提高工科人才的素质和能力，而且能够更好地满足社会和市场的需求。

特色新工科高契合度新型学科体系主要表现在以下四个方面。

（1）突出工程实践。特色新工科高契合度新型学科体系注重工程实践，通过实践教学和实践项目，使学生在实践中不断地学习，增强自身工程实践能力和创新能力。

（2）注重基础理论教育。特色新工科高契合度新型学科体系注重基础理论教育，通过深入浅出的教学方法，提高学生的基础理论知识水平，为其未来的研究和实践奠定坚实的基础。

（3）培养创新能力。特色新工科高契合度新型学科体系注重培养学生的创新能力，通过实践项目和科研项目，让学生在实践中不断地思考和探索，从而培养出具有创新精神和创新能力的高素质工科人才。

（4）适应未来发展需要。特色新工科高契合度新型学科体系注重培养学生适应未来发展需要的能力和素质。

行业龙头企业的科技进步对于特色新工科高契合度新型学科体系的发展具有重要的支撑作用，表现在以下四个方面。

（1）科技创新带动教学改革。行业龙头企业在科技创新方面拥有更为先进的技术、设备和方法，这些先进的技术、设备和方法可以通过与高校的合作共享，带动特色新工科高契合度新型学科体系的教学改革和升级。例如，一些行业龙头企业可以向高校提供最新的生产技术和工艺流程，使学生能够更好地掌握工程实践技能和经验；可以向高校提供最新的设备和软件，使学生能够更加深入地了解科技发展的前沿领域。

（2）产学研结合促进创新。行业龙头企业与高校之间的产学研合作，可以促进科技成果的转化和推广，同时也可以提高学生的创新能力和实践经验。行业龙头企业可以通过与高校共同设立实验室、研究中心、科研基地等平台，将先进的科研成果和实践经验与高校教学相结合，培养出更多具有创新精神和实践能力的高素质工科人才。

（3）实践项目提升学生综合能力。行业龙头企业可以通过为高校提供实践项目、毕业设计和实习机会等方式，提升学生的实践能力和综合素质。例如，一些行业龙头企业可以与高校合作开展技术开发项目、科研合作项目和企业实习项目等，让学生在实践中不断学习，提升学生的综合素质和实践能力，从而更好地适应未来发展的需要。

（4）人才培养提高企业竞争力。行业龙头企业与高校之间的合作，不仅可以提高学生的能力和素质，同时也可以为企业输送高素质的人才，提高企业的竞争力和市场占有率。一些行业龙头企业可以通过与高校合作，共同培养符合企业需求的人才，提高企业的技术水平和创新能力。

特色新工科高契合度新型学科体系的形成和发展，需要行业龙头企业的支持和参与。行业龙头企业可以通过科技创新带动教学改革，促进产学研结合，提高学生的实践能力和综合素质，同时也可以为企业输送高素质的人才，提高企业的竞争力和市场占有率。因此，加强与行业龙头企业的合作是构建特色新工科高契合度新型学科体系的必要手段，有利于推动我国高等教育的发展，提高我国的科技创新能力。同时，高校也应该积极主动地加强与行业龙头企业的合作，充分利用行业龙头企业的优势和资源，不断提高教学质量和科研水平，为培养高素质工科人才作出更大的贡献。

3.2 特色新工科建设与“三龙头”特色

3.2.1 支撑新工科产教融合建设的产业龙头特色

随着经济的快速发展和产业结构的升级，我国对高素质、高技能的工程技术人才的需求越来越迫切。新工科建设作为我国高等教育改革的一项重要举措，旨在培养适应国家经济发展需要的工程技术人才。其中，产教融合是新工科建设的重要内容之一，而产业龙头企业作为产教融合中的重要主体，对于新工科建设和人才培养具有重要的支撑作用。

产业龙头企业是特色新工科建设的重要组成部分。产业龙头企业拥有先进的技术、先进的管理经验和广阔的市场渠道，是行业的领导者和发展方向的引领者。与产业龙头企业进行合作，高校可以从产业领先的技术、生产经验和管理模式中学习到更多的实践经验，有助于培养更加适应市场需求的高素质人才。产业龙头企业通常拥有先进的生产工艺和设备，高校与产业龙头企业合作，可以为学生提供更多的实践机会。学生可以在产业龙头企业的实践基地中学习到实际的生产过程，了解工业制造的各个环节和细节，掌握先进的技术和生产管理经验，提高自己的实践能力和动手能力。产业龙头企业通常拥有丰富的科技创新资源，包括研发团队、专利技术和研发设备等。与产业龙头企业进行合作，高校可以借助产业龙头企业的研发团队和科技创新资源，开展联合研究和技术创新，提高自身的科技水平和创新能力。

产业龙头企业在支撑新工科产教融合建设中发挥着重要的作用。首先，产业龙头企业可以为高校提供实践基地，为学生提供更多的实践机会。其次，产业龙头企业可以与高校进行合作，共同进行科研和技术创新，促进产学研的深度融合。最后，产业龙头企业可以为高校提供就业机会和职业发展平台，帮助学生更好地适应社会的需求。

产业龙头企业作为行业内的领导者和引领者，拥有核心技术优势和创新能力。高校可以通过与产业龙头的合作，了解行业的最新技术和发展趋势，提高自身的研究水平和创新能力。同时，产业龙头企业也可以通过与高校的合作，获得最新的研究成果和技术支持，从而推动自身进行技术创新。

产业龙头企业具有较强的产业链整合能力，能够带动整个产业链的升级和优化。高校可以通过与产业龙头企业的合作，了解行业内的产业链和各环节的需求，为学生提供更加贴合市场需求的培养方案和就业指导。同时，产业龙头企业也可以通过与高校的合作，将高校的优势资源引入自身的产业链中，提高自身的产业链整合能力和核心竞争力。

产业龙头企业具有强大的创新能力和创新文化，能够不断推动技术和产品的创新，引领产业的发展。高校可以通过与产业龙头企业的合作，了解行业内的创新趋势和创新需求，培养学生的创新能力和创新意识，为产业创新和升级提供源源不断的人才支持。同时，产业龙头企业也可以通过与高校的合作，开展科研和技术创新，实现产学研的深度融合，推动行业的技术创新和产业升级。

产业龙头企业具有较强的社会责任感和企业文化，能够对学生进行良好的职业素养和社会责任教育。高校可以通过与产业龙头企业的合作，引导学生树立正确的价值观和职业道德，为社会培养具有高度社会责任感的工程技术人才。同时，产业龙头企业也可以通过与高校的合作，为学生提供优秀的职业发展平台和晋升机会，帮助学生实现自我价值。

产教融合是新工科建设中的重要内容，是高等教育与产业发展的深度融合，旨在培养适应国家经济发展需要的高素质、高技能的工程技术人才。在产教融合中，产业龙头企业作为企业界的主体，对于人才培养和产学研的深度融合具有重要作用。首先，产业龙头企业可以为高校提供实践基地和就业机会，为学生提供更多的实践机会和职业发展平台。同时，产业龙头企业也可以通过对学生进行职业素养和职业能力的培养，提高学生的职业竞争力和适应能力。其次，产业龙头企业可以为高校提供实际的教学资源和科研合作机会，为高校的教学和科研提供更多的实践支持。通过与高校的合作，产业龙头企业可以借助高校的科研资源和技术专长，开展科技创新和产业升级，提高企业的技术水平和核心竞争力。同时，产业龙头企业也可以为高校的科研项目提供实践场地和行业资源支持，促进学校的科研成果转化和技术应用。最后，产业龙头企业可以为高校提供行业需求和市场信息，为高校的人才培养和科研工作提供市场导向和指导。通过与产业龙头企业的合作，高校可以了解行业内的需求和趋势，为学生提供更加贴合市场需求的培养方案和就业指导。同时，产业龙头企业也可以通过与高校的合作，向高校介绍行业内的最新技术和市场动态，帮助高校更好地定位自身的发展方向和优化教学科研内容。

综上所述，产业龙头企业在新工科建设和产教融合中发挥着重要的作用。通过与产业龙头企业的合作，高校可以更好地满足市场需求和行业发展的需要，为产业发展和人才培养提供更加有力的支撑。同时，产业龙头企业也可以通过与高校的合作，推动技术创新和产业升级，提高自身的技术水平和核心竞争力。因此，在新工科建设和产教融合中，加强产业龙头企业与高校的合作，使二者建立长期稳定的合作关系，共同推动产学研的深度融合，可以推动我国高等教育和产业的协同发展，加快实现经济高质量发展目标。

3.2.2 支撑新工科产教融合建设的技术龙头特色

随着经济社会的发展，人们对于新工科产教融合建设的需求不断增长。技术龙头企业作为推动新工科产教融合建设的重要力量，扮演着至关重要的角色。

技术龙头企业是特色新工科建设中不可或缺的一部分。技术龙头企业拥有先进的技术、研发团队和创新能力，是行业技术发展的领导者和引领者。与技术龙头企业进行合作，高校可以学习到更多的前沿技术和研发经验，了解行业的最新动态和趋势，这有助于高校培养更具创新精神和实践能力的高素质人才。技术龙头企业通常拥有先进的研发设备和实验室，高校与技术龙头企业合作，可以为学生提供更多的研究平台。学生可以在技术龙头企业的研究平台中，接触到最新的技术和设备，开展前沿研究和技术创新，提高自己的研究能力和创新能力。技术龙头企业通常拥有丰富的科技成果和专利技术，高校与技术龙头企业合作，可以将科技成果转化为实际应用，促进科技成果的产业化和市场化。高校与技术龙头企业合作，可以将研究成果和市场需求对接，推动科技成果的实际应用和产业升级。

技术龙头企业在推动新工科产教融合建设方面发挥了重要作用。其重要作用主要体现在以下四个方面。

（1）引领和推动产业发展。技术龙头企业作为一个行业内的领导者，其技术和管理能力是其他企业或组织难以替代的。技术龙头企业的技术创新能力和管理创新能力为整个产业的发展提供了强有力的支撑。通过技术创新和管理创新，技术龙头企业能够引领产业的发展方向，并在产业发展中扮演着至关重要的角色。

（2）牵引和推动技术进步。技术龙头企业不仅仅在自己所在的行业中处于领先地位，更重要的是，技术龙头企业具有对其他行业的影响力。技术龙头企业的技术创新能力能够促进相关领域的技术进步，进而推动整个社会的科技进步和发展。

（3）提高产业链水平和核心竞争力。技术龙头企业在行业中拥有核心技术和核心产品，这使得他们具有较强的产业链优势和核心竞争力。技术龙头企业通过技术创新和管理创新，可以提升自身产品的技术含量和附加值，从而进一步提高整个产业链的水平和核心竞争力。同时，技术龙头企业还能够推动产业的升级和转型，促进产业的可持续发展。

（4）带动地方经济发展。技术龙头企业通常是在地方经济中起到重要推动作用的企业或组织。技术龙头企业的成功，不仅可以为自身带来经济利益，更可以带动周边企业和产业的发展，促进地方经济的繁荣和发展。

技术龙头企业作为支撑新工科产教融合建设的重要力量，具有以下一些特色。这些特色使得技术龙头企业成为推动新工科产教融合建设的重要力量。

（1）具有强大的技术研发能力。技术龙头企业作为行业的领导者，具有强大的技术研发能力。技术龙头企业通常具有完备的研发体系和研发团队，并且能够投入大量的研发资金和资源。技术龙头企业的技术研发能力为产业的技术升级提供了强有力的支撑。

（2）重视人才培养和引进。技术龙头企业注重人才培养和引进，具有完善的人才培养和引进体系。技术龙头企业通常通过多种渠道吸纳优秀的人才，并且注重人才的培养和发展。技术龙头企业的人才储备为产业的可持续发展提供了强有力的支撑。

（3）具有完善的产业链布局。技术龙头企业具有完善的产业链布局，拥有完整的产业链和优质的供应链。技术龙头企业的产业链布局为产业的整体发展提供了强有力的支撑。

（4）注重企业文化和管理创新。技术龙头企业注重企业文化和管理创新，建立了完善的企业文化和管理制度，并且通过不断创新和改进，提高了企业的核心竞争力。技术龙头企业的企业文化和管理创新为新工科产教融合建设提供了重要的借鉴。

技术龙头企业在支撑新工科产教融合建设中发挥着重要作用。技术龙头企业的成功和发展，不仅可以带动自身所在的行业发展，还可以影响和推动整个产业链的升级和发展。技术龙头企业的成功经验和技术优势，可以为产业的技术创新和升级提供重要参考和支撑。技术龙头企业在产业中具有引领作用，其强大的技术研发能力和创新能力，可以推动产业的技术创新和升级。技术龙头企业的技术创新和成果转化，可以带动整个产业的创新和发展。技术龙头企业在产学研合作中发挥着重要作用。技术龙头企业通常与高等院校、科研机构等开展合作，共同推进产业的技术创新和发展。通过产学研合作，技术龙头企业可以获取更多的技术创新资源和人才支持，同时也可以为高等院校和科研机构提供实践平台。技术龙头企业在人才培养方面发挥着重要作用。技术龙头企业通常拥有完善的人才培养体系和优质的培训资源，可以为产业的人才培养和培训提供重要支持。技术龙头企业的人才培养和培训，可以为产业输送更多的优秀人才，促进产业的可持续发展。技术龙头企业在产业协同发展中发挥着重要作用。技术龙头企业通常具有完整的产业链布局和优质的供应链资源，可以为整个产业链的协同发展提供支持。技术龙头企业的产业协同发展，可以推动整个产业的升级和转型，提高整个产业链的核心竞争力。

技术龙头企业作为支撑新工科产教融合建设的重要力量，具有引领作用和推动作用。技术龙头企业通过自身的技术创新和成果转化，带动产业的技术升级和转型，推进产业的可持续发展；通过产学研合作，获取更多的技术创新资源和人才支持，为高等院校和科研机构提供实践平台和技术需求；通过人才培养和培训，为产业输送更多的优秀人才，促进产业的可持续发展；通过产业协同发展，提高整个产业链的核心竞争力，推动整个产业的升级和转型。

新工科产教融合是产业与高等教育相互融合的重要方式，是实现人才培养与产业需求对接的重要举措。技术龙头企业作为新工科产教融合建设的重要力量，可以通过自身的技术创新和成果转化，为产业的技术升级和转型提供支持；通过产学研合作，推进产业的技术创新和发展；通过人才培养和培训，为产业输送更多的优秀人才，促进产业的可持续发展；通过产业协同发展，提高整个产业链的核心竞争力，推动整个产业的升级和转型。

新工科产教融合建设是一个系统工程，需要各方共同参与和支持。技术龙头企业作为支撑新工科产教融合建设的重要力量，需要进一步加强技术创新和成果转化，加强与高等院校、科研机构等的产学研合作，加强人才培养和培训，加强产业协同发展，为新工科产教融合建设提供更加坚实的支撑和保障。

3.2.3 支撑新工科产教融合建设的创新龙头特色

随着我国经济的快速发展，新兴技术的广泛应用，以及市场对高素质技术人才的需求不断增长，新工科产教融合建设成为当下重要的发展方向。支撑新工科产教融合建设的创新龙头特色，则在这一过程中起着至关重要的作用。

创新龙头企业是特色新工科建设中不可或缺的一部分。创新龙头企业拥有创新精神和创新能力，是行业创新发展的领导者和引领者。与创新龙头企业进行合作，高校可以学习到更多的创新经验和思路，了解行业的最新动态和趋势，从而培养更具创新精神和实践能力的高素质人才。创新龙头企业通常拥有创新平台和创新资源，高校与创新龙头企业合作，可以为学生提供更多的创新平台。学生可以在创新龙头企业的创新平台中，接触到最新的创新思路和资源，进行前沿研究和技术创新，提高自己的创新能力和实践能力。创新龙头企业通常拥有丰富的创新经验和实践能力，创新龙头企业与高校合作，可以实现产业转型升级，提升自身的市场竞争力。高校与创新龙头企业合作，可以将研究成果和市场需求对接，推动科技成果的实际应用和产业升级。创新龙头企业通常在多个领域拥有专业的技术和经验，高校与创新龙头企业合作可以促进学科交叉融合。高校通过跨学科的合作和创新，可以打破学科壁垒，培养更加具有综合素质和创新能力的人才，推动学科交叉融合和创新。创新龙头企业通常拥有先进的研发设备和技术，高校与创新龙头企业合作，可以提高自身的科研水平和能力。与创新龙头企业合作，高校可以分享研发资源和经验，开展前沿研究和技术创新，提高自身的科研水平和实践能力，推动科技成果转化。

支撑新工科产教融合建设的创新龙头特色主要表现在以下五个方面。

（1）技术和创新优势突出。创新龙头企业在技术和创新方面具有突出的优势，能够在技术创新、科技成果转化等方面发挥重要作用。他们通常拥有先进的技术装备和研发能力，能够快速响应市场需求并推出具有竞争力的产品和解决方案。此外，他们还能够快速响应政策导向，开展有益于产业发展的技术创新，为产业发展注入新的动力和活力。

（2）与高校合作紧密。创新龙头企业与高校的合作是新工科产教融合建设的重要组成部分。创新龙头通常与高校建立了长期稳定的合作关系，并能够与高校共同培养和引进优秀人才。此外，创新龙头企业还能够为高校提供实践基地和科研平台，促进科研成果转化和科技成果产业化。

（3）产学研合作成果丰硕。创新龙头企业与高校、科研机构等开展的产学研合作取得了丰硕的成果。创新龙头企业能够将科技成果快速转化为市场产品，促进产业升级和发展。同时，创新龙头企业还能够将实践经验与高校教育相结合，培养出更具实践能力和创新精神的人才。

（4）能够带动和引领产业发展。创新龙头企业作为新工科产教融合建设的重要力量，能够带动和引领产业发展。创新龙头企业通常具有强大的技术研发和市场营销能力，能够为产业注入新的活力和动力，推动产业升级和转型。同时，创新龙头还能够通过技术创新和成果转化，带动和引领相关领域的发展。

（5）具有强大的品牌影响力。创新龙头企业通常具有强大的品牌影响力，能够成为行业的代表和引领者，促进产业发展和创新进步。创新龙头企业的品牌形象和产品通常具有较高的认知度和美誉度，这能够为产业发展和技术创新提供重要的支撑和保障。同时，创新龙头企业还能够吸引更多的人才和资源，推动行业和产业的快速发展。

基于以上因素，政府应出台有力的政策，为创新龙头企业提供更多的支持和保障，促进其发挥作用。同时，政府还可以加大对创新龙头企业的资金支持，加强对其知识产权保护等方面的支持。高校和企业应该加强合作，共同培养和引进创新人才，为创新龙头企业提供更多的人才支持。此外，政府可以加大对人才培养的投入，鼓励人才创新创业，促进人才流动和转化。政府、高校和企业应该加强产学研合作，共同开展科技创新和成果转化，推动产业的升级和发展，提高创新龙头企业的创新能力和市场竞争力。创新龙头企业应该加强市场化运作，建立健全的企业管理机制，提高效率和竞争力，增加市场占有率和品牌影响力。创新龙头企业应该加强国际合作，积极参与国际科技合作和竞争，开拓国际市场，提高创新水平和国际影响力。

新工科产教融合是推进高等教育改革和创新驱动发展的重要举措，创新龙头企业在其中具有重要作用。支撑新工科产教融合建设的创新龙头企业特色主要表现在技术和创新优势突出、与高校合作紧密、产学研合作成果丰硕、能够带动和引领产业发展、具有强大的品牌影响力等方面。为了支持创新龙头企业发挥作用，政府需要出台有力的政策，加强人才培养和引进，加强产学研合作，加强市场化运作，加强国际合作。只有这样，才能够促进新工科产教融合的发展，推动高等教育改革和创新驱动发展的深入实施。

3.3 校企分层多模特色新工科复合型多维人才培养机理

3.3.1 校企分层多模特色新工科跨界融通发展机理

校企合作是新工科跨界融通发展的重要途径之一，能够有效地促进产学研合作，推动科技创新和成果转化。在校企合作中，高校和企业各自发挥自己的优势，共同实现资源共享和优势互补，进而实现双方的共赢和共同发展。校企合作能够促进产学研合作，打通产学研的“最后一公里”。通过合作，高校和企业能够充分发挥各自的优势，共同进行科研和技术开发，推动科技成果的转化和产业化。同时，企业能够为高校提供实践基地和实际问题，帮助高校更好地培养具有实践能力和创新精神的人才。校企合作是科技创新和成果转化的有效途径。高校和企业共同进行科研和技术开发，能够充分利用双方的资源和优势，推动科技创新和成果转化。企业能够将高校的科研成果快速应用于生产和实际问题解决中，促进产业的发展。校企合作是实现双方共赢和共同发展的有效途径。

分层培养是新工科跨界融通发展的重要策略之一，能够有效地提高人才培养质量和适应产业需求。在分层培养中，高校将人才培养分为不同层次和不同阶段，根据产业需求和人才素质要求，有针对性地开展教学和实践活动，培养不同层次和不同类型的创新人才。分层培养能够提高人才培养质量，促进人才素质的全面提升。在分层培养中，高校能够根据产业需求和人才素质要求，有针对性地开展教学和实践活动，培养不同层次和不同类型的创新人才。通过针对性的培养，高校能够更好地满足产业的需求，提高人才培养质量和产业竞争力。分层培养能够适应产业需求，培养符合产业发展需求的创新人才。

多模式创新是新工科跨界融通发展的重要策略之一，能够促进人才培养和产业升级。在多模式创新中，高校将创新分为不同模式和不同阶段，通过创新教育、创新实践和创新创业等方式，培养创新人才和促进产业创新。创新教育是多模式创新的重要方式之一，能够培养学生的创新能力和创新精神。在创新教育中，高校通过开设创新课程、创新实验室等方式，引导学生学习创新理论和实践技能，培养其创新思维和创新能力。通过创新教育，高校能够更好地培养适应产业需求的创新人才。创新实践是多模式创新的重要方式之一，能够培养学生的实践能力和创新精神。在创新实践中，高校通过开展科研项目、技术竞赛等方式，让学生接触到实际问题，培养学生的实践能力和创新思维。通过创新实践，高校能够更好地提高学生的创新能力和实践能力，培养适应产业需求的创新人才。创新创业是多模式创新的重要方式之一，能够培养学生的创新能力和创新精神，并促进产业创新和发展。在创新创业中，高校通过开展创业教育、创业实践等方式，培养学生的创新创业能力和创业精神，引导学生参与创新创业活动，促进创新创业的发展和产业升级。

新工科产教融合建设是当前高等教育和产业发展的重要战略，也是新时代人才培养和产业升级的重要保障。在新工科产教融合建设中，高校和企业应该充分发挥各自的优势，加强合作，共同促进产业升级。同时，高校应该创新教育模式，提高人才培养质量和实践能力，引导学生参与创新创业活动，培养适应产业需求的创新人才。企业应该积极参与产教融合建设，为高校提供实践基地和科研项目支持，同时也应该加强对人才培养的需求和反馈，推动产业升级和发展。

校企分层多模特色新工科跨界融通发展机理，是通过将产业需求和高校人才培养紧密结合起来，建立紧密的产教融合关系，通过分层培养、产学研合作、双创平台建设、多模式创新等方式，促进高等教育和产业的协同发展，推动产业升级和人才培养。因此，在新时代，校企分层多模特色新工科跨界融通发展机理是实现高等教育和产业协同发展的重要途径之一。

3.3.2 校企分层多模特色新工科融通性发展机理

新工科是新时期我国高等教育的重要发展方向之一，其核心理念是通过以产业为导向、以实践为基础的教学模式，培养既具备专业知识，又具备实际操作技能和创新能力的高级工程技术人才。与传统工科教育不同的是，新工科强调学科交叉、实践导向和产学研深度融合，注重培养具有全球竞争力的工程人才。

在当前经济全球化和科技创新的大背景下，新工科的培养模式已经成为国内外高等教育改革的共识。在国内，教育部提出了新工科建设的“五个一”行动计划，即一流学科建设、一流课程建设、一流教材建设、一流师资队伍建设、一流实验室建设；在国外，美国的ABET认证、欧洲的EUR-ACE认证等已成为新工科教育质量评价的重要标准。因此，研究新工科教育模式的特点和优势，探讨其融通性发展机理，对于加快我国高等教育改革与创新，培养具有国际竞争力的工程技术人才，推动经济社会发展具有重要意义。

新工科教育的核心理念是产学研深度融合、学科交叉和实践导向。这种教育模式将学科知识与工程实践相结合，在学生参与实际工程项目的过程中培养其实际操作技能和创新能力。新工科教育不仅要注重培养学生的专业知识，还要注重培养其综合素质，包括创新能力、实践能力、沟通协作能力和领导能力等。新工科教育具有实践导向、产学研深度融合、学科交叉、多模式教学等特点。新工科教育的优势有以下四个方面。①符合市场需求。新工科教育注重产学研深度融合，将产业需求纳入教育中，培养符合市场需求的工程技术人才，有利于提高毕业生的就业竞争力。②综合素质培养。新工科教育不仅注重培养学生的专业知识，还注重培养其综合素质，如创新能力、实践能力、沟通协作能力和领导能力等，能够培养具备多方面技能和能力的工程技术人才。③学科交叉融合。新工科教育注重学科交叉，通过多学科交叉融合，可以培养具有全局视野和综合素质的工程人才。④实践能力强。新工科教育以实践为基础，注重学生在工程实践中的参与和实际操作能力的培养，能够使学生具有较强的实践能力和创新能力，更好地适应工作环境。

校企分层多模式教学的实践路径：①产学研深度融合。在新工科教育实践中，校企深度融合是核心路径之一。学校与企业建立战略合作伙伴关系，共同开展产学研合作，建立联合实验室、技术中心等研发平台。②分层教学管理。在新工科教育实践中，采用分层教学管理模式，将学生按照不同层次进行分类，针对不同层次的学生采取不同的教学方法和手段，可以提高教学效果和学生的综合素质。③多模式教学。在新工科教育实践中，采用多种教学模式，如工程实践、案例教学、项目驱动、课程设计等，可以使学生在多种场景下学习、实践和创新。

校企分层多模式教学的实践效果：①产业对接成效显著。在新工科教育实践中，校企深度融合可以实现产业需求与教育教学的紧密结合，使学生更好地适应工作环境，提高就业竞争力，推动了产业升级和转型。②学生综合素质提升。在新工科教育实践中，分层教学管理和多模式教学能够为不同层次和不同类型的学生提供个性化、全方位的教学服务，使学生的综合素质得到提升，并且能够更好地适应社会和产业发展的需求。③学生创新能力提高。在新工科教育实践中，采用多种教学模式，能够激发学生的创新能力和实践能力，使学生在实践中深刻理解和掌握所学知识，具备从实践中发掘问题、解决问题的能力。

校企分层多模式教学是新工科融通性发展机理的重要体现，校企深度融合使产业需求与教育教学紧密结合，分层教学管理和多模式教学能够提供个性化、全方位的教学服务，使学生的综合素质和创新能力得到提升。新工科融通性使工程教育从以专业技能为主转变为注重综合素质和实践能力的培养，从以传授知识为主转变为以学生为中心的教育，从而更好地满足了社会和产业对工程技术人才的需求。

新工科融通性将继续深化和发展，对产学研深度融合、分层教学管理和多模式教学等发展模式不断进行推广和完善，注重学生综合素质和实践能力的培养，加强学科交叉融合，培养具有全局视野和综合素质的工程人才，提高工程技术人才的创新能力和实践能力。新工科融通性的发展将推动高等教育创新和转型，加快高等教育现代化建设，推动国家科技创新和经济社会发展。随着社会经济的发展和产业的升级，工程技术人才的培养已成为高等教育的重要任务之一。新工科融通性教育是当前工程教育改革的重要方向和趋势，具有创新性和前瞻性。校企分层多模式教学是新工科融通性发展的重要保障和基础，它能够提供个性化、全方位的教学服务，培养具有综合素质和实践能力的工程技术人才。

3.3.3 基于行业龙头企业与产业交叉的特色新工科多维人才培养机理

新工科是当前工程教育的重要发展方向和趋势，其核心在于强调工程教育与产业需求的密切结合，培养具有实践能力和综合素质的工程技术人才。在新工科的背景下，根据不同的产业需求和人才培养目标，需要针对性地开展特色人才培养。行业龙头企业作为产业的重要代表，具有先进的技术和管理经验，可以为高校提供行业需求和技术指导。同时，产业交叉是当前产业升级的重要趋势，行业龙头企业与其他产业的交叉也为高校培养多维人才提供了机会。

特色新工科人才培养需要根据不同的产业需求和人才培养目标，制定不同的培养计划和课程体系。高校与行业龙头企业的合作可以从以下三个方面展开。

（1）共同制定人才培养计划和课程体系。高校可以与行业龙头企业共同制定人才培养计划和课程体系，根据产业需求和人才培养目标，制定合适的培养方案和课程体系，加强实践教学和科研创新，提高学生的实践能力和综合素质。

（2）行业导师制度。行业龙头企业可以提供企业导师，参与学生的实践教学和科研项目，为学生提供行业指导，加强学生与企业的联系和沟通，促进学生的就业和职业发展。

（3）产学研合作项目。高校可以与行业龙头企业合作开展产学研合作项目，加强科研创新和技术转移，培养学生的科研能力和实践经验，提高学生的综合素质和竞争力。

产业交叉是指不同产业在技术、管理、资本等方面的交叉和融合。产业交叉可以促进不同产业之间的合作和创新，提高资源利用效率和经济效益，推动产业的升级和发展。当前，产业交叉已成为推动中国制造业转型升级的重要力量，具有广阔的发展前景。产业交叉为特色新工科人才培养提供了机会和挑战。一方面，产业交叉可以为特色新工科人才培养提供新的培养模式，拓宽学生的视野和知识面，提高学生的综合素质和竞争力；另一方面，产业交叉也带来了新的挑战和难点，特色新工科人才需要具备更广泛的知识和技能，能够适应不同产业的需求和挑战，具有跨界创新和应用能力。

产业交叉与特色新工科人才培养的结合点主要体现在以下五个方面。

（1）专业交叉培养。针对产业交叉的需要，高校可以开设跨学科的课程和专业，培养具有跨界创新和应用能力的工程技术人才，满足不同产业的需求。

（2）产业导师制度。行业龙头企业可以提供企业导师，参与学生的实践教学和科研项目，为学生提供行业指导，加强学生与企业的联系和沟通，促进学生就业和职业发展。

（3）产学研合作项目。高校可以与行业龙头企业合作开展产学研合作项目，加强科研创新和技术转移，培养学生的科研能力和实践经验，提高学生的综合素质和竞争力。

（4）实践教学和创新创业平台。高校可以建立实践教学和创新创业平台，为学生提供更多的实践机会和资源，培养学生的实践能力和创新精神，鼓励学生参与产业交叉的创新创业活动。

（5）教师团队建设。高校可以组建优秀的教师团队，吸引和培养具有产业交叉背景和实践经验的教师，提高教师的教学质量和科研水平，为特色新工科人才培养提供更好的保障和支持。

随着经济的发展和产业结构的转型升级，特色新工科的发展已成为我国高等教育和产业发展的重要战略任务。校企分层多模特色新工科融通性发展机理和基于行业龙头企业与产业交叉的特色新工科多维人才培养机理是实现特色新工科发展的重要路径。校企分层多模特色新工科融通性发展机理强化了校企合作，促进了教学与实践的融合，提高了教学质量和学生的综合素质；基于行业龙头企业与产业交叉的特色新工科多维人才培养机理培养了具有跨界创新和应用能力的工程技术人才，促进了产业交叉的创新和发展。

特色新工科的发展需要全社会的共同努力和支持。未来，我们应进一步加强校企合作，构建更加紧密的产教融合机制，推动特色新工科的深入发展；同时，我们也应加强师资队伍建设，提高教师的教学和科研能力，为特色新工科人才培养提供更好的支持和保障。此外，我们还应进一步完善特色新工科人才培养的教育体系，构建更加全面、多样化的课程体系和实践教学平台，为学生提供更加优质的教育资源和培养环境，培养更多具有创新精神和应用能力的高素质工程技术人才。特色新工科的发展是我国高等教育和产业发展的必然趋势，也是实现中国制造2025和乡村振兴战略的重要支撑。

第4章 行业前沿承载新工科特色产教融合

4.1 行业前沿承载新工科特色产教融合内涵机制

4.1.1 基于CBE的行业前沿承载协同育人成果产出新机制

基于CBE（computer based education）的行业前沿承载协同育人成果产出新机制，以“科教融合、产教融合”为目标，依托新经济形态和产业体系，探索行业前沿承载协同育人成果转化新路径。在CBE协同教学中，产学研合作是协同育人的桥梁。高校与龙头企业共同开展产学研活动，可以提高高校的教学质量，推动龙头企业的创新发展。

以行业领军人才为突破口，通过科教、产教融合，可以形成行业领先、行业发展水平高、产业融合度高的协同创新驱动发展新格局。在科教、产教融合过程中，企业根据行业研发成果、企业应用成果和行业先进经验，可以优化产学研究、人才培养、产业链、技术管理等环节，将企业的技术、产品、服务、人才等要素紧密联系在一起，共同实现产业的升级改造。

行业前沿承载协同育人成果产出新机制是促进产教融合的现实需求，是企业与高校共同开展协同办学的必然要求。以“能力本位”为中心的“五新”新育人体系如图4-1所示。在人才科研能力培养方面，高校依托学科优势，以学科创新为引领，通过高校与企业、高校与高校、企业与企业合作，将高校与产业、企业、行业紧密联系在一起，形成产学研的协同效应，为新产业、新业态、新模式、新技术的应用提供基础支持，进而提升行业科研创新能力。在人才职业能力培养方面，高校可以利用龙头企业的产业优势，通过校企合作或课堂车间化等方式提高实训课程比例，并按龙头企业标准规范要求培养学生的职业能力。

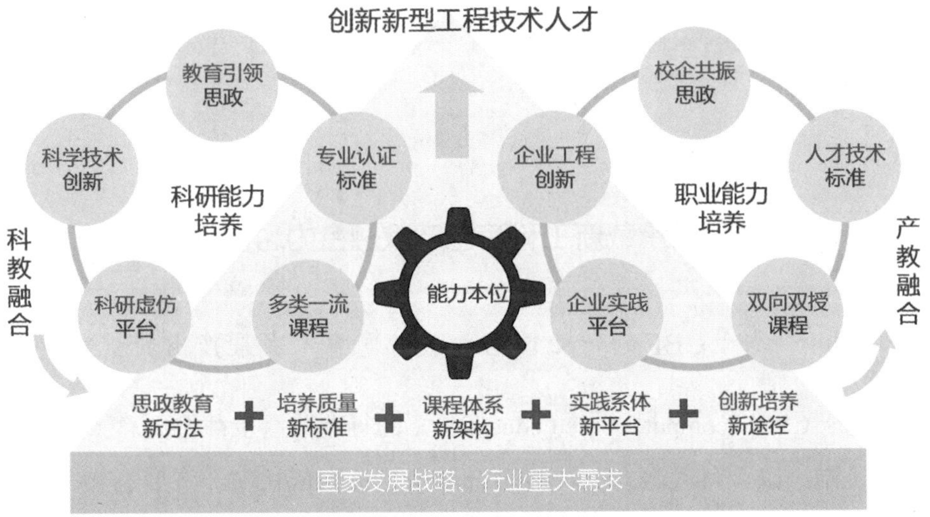

图4-1　以“能力本位”为中心的“五新”育人体系

4.1.2　新工科特色教学工坊与行业龙头企业生产耦合共生机制

教学工坊与行业龙头企业生产耦合共生机制，即新工科与龙头企业的共性与共性的共进共出机制，高校、企业、社会等利益相关方联合形成的共商共治共享机制。新工科特色教学工坊与行业龙头企业生产耦合共生机制主要体现在：以科教融合为基础，加快产教融合发展，将新基础建设与生产系统、研发系统融合，促进新产品研发与生产制造，提升企业产品与服务能力，实现新旧动能转换，为新经济提供新动能，提高企业核心竞争力。新工科特色教学工坊模式如图4-2所示。

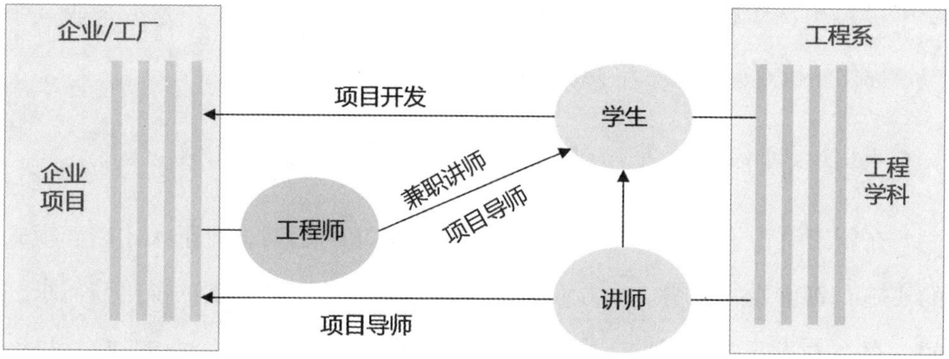

图4-2 新工科特色教学工坊模式

新工科特色教学工坊是学校、企业等多主体共同参与的新型教学平台，依托于企业实训基地，以企业需求为导向，整合行业优势资源，搭建学生实践平台，并根据企业自身特点，将企业岗位需求进行细化，围绕企业实际需求，设计高校特色课程，使学生在实践中锻炼实践能力和创新能力，进而形成以产定学、以学定产、校企合作的人才培养模式。在教学过程中，企业通过学生自主学习、自主实践、自我评价等多种形式，为学生提供了多种学习方式，如教师自主授课、学生自定学习路径等。新课程改革中，教师应充分考虑到学生对于新专业和专业课程的需求，结合企业自身的发展特点和需求、教学内容的多样化，采取多种教学方式进行教学，激发学生学习的主动性和创造性，使学生在实践过程中养成学习习惯。

在新工科特色教学工坊中，学生可自主选择自己的实习实训平台，根据自身的岗位需求，进行自主学习。在学习的过程中，学生能够参与到小组讨论中，从而提高课堂效率。在实习过程中，学生可以进行交流讨论，以提升自身的实践能力。教师在教学过程中通过线上课程和线下教学相结合的方式，可以培养学生的实践能力和创新精神。教师通过与学生的互动交流，可以引导学生从被动接受转变为主动学习，帮助学生提高学习能力。开展龙头企业生产技能提升与专业建设，促进学校教学、科研、实训的融合，可以提高专业人才培养质量，形成产学研用相结合的新工科人才培养模式，在促进学生进行生产实践的同时，可以培养学生的专业技能，提升龙头企业竞争力，优化学校资源配置，培养创新人才。

4.1.3 目标价值导向趋同与要素功能互馈联动机制

在新工科背景下，人才培养目标与产业要求的趋同，对于人才培养模式的实施有着重要的影响。一方面，高校人才培养与生产要素的供给与需求之间，存在着不匹配的问题。龙头企业需要在不同阶段根据企业的战略目标，对人才培养进行相应的调整与优化。产教融合能够将人才培养过程与企业生产过程进行有机的融合，满足龙头企业的岗位需求。这就需要龙头企业在人才培养过程中，积极寻求产业需求与市场需求的对接，不断对企业的需求进行调整，实现人才培养的有效供给。另一方面，校企双方可以加强在专业领域的合作与交流，共同培养人才。新工科特色产教融合就是在融合过程中实现产、学、研、用、管、服的全过程协同育人，实现各要素的有机融合。校企要素协同聚焦强调协同学校要素和聚焦企业要素两部分，具体细节如图4-3所示。

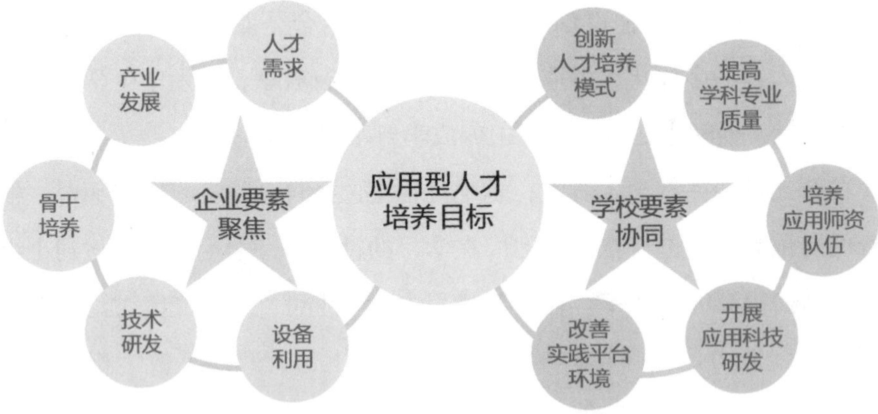

图4-3 校企要素协同聚焦促进应用型人才培养实施方案

校企全方位参与应用型人才培养实施方案的设计，要以校企要素协同聚焦为出发点，将市场行业的人才质量结构、人才基本能力需求与学校的招生方案、育人理念进行智能匹配；将企业的岗位专业技能需求及创新、管理素质需求与学校的育人方案、课程体系和教学内容有机结合；将行业的经济前沿发展预测和技术创新需求与企业的技术研发、实践和技术创新人才培养体制紧密相连。同时，将人才培养质量考评嵌入三个层面要素循环体系的全过程，并根据考评结果，将三个层面在实施过程和相互关系中存在的问题与不足实时地反映出来，为人才培养实施方案的运行提供动力。

4.1.4 基于产业升级的内生驱动力与产教融合交互力作用机制

产业内生驱动力与产教融合交互力是产业发展的基础，产业内生驱动力包括生产力的提高和产业组织的变革，产教融合交互力体现在人才培养、教育和产业发展的质量上。产业以“知识、技术、管理、组织”为核心要素，而人才作为创新要素的主体，对产业发展起着重要的推动作用。在产业技术升级的大背景下，产教融合是实现产业价值链与产业链升级的关键。产教融合需要企业主动参与，积极主动融入校内，与高校协同合作。图4-4是产业内生驱动力与产教融合交互力的作用机制。

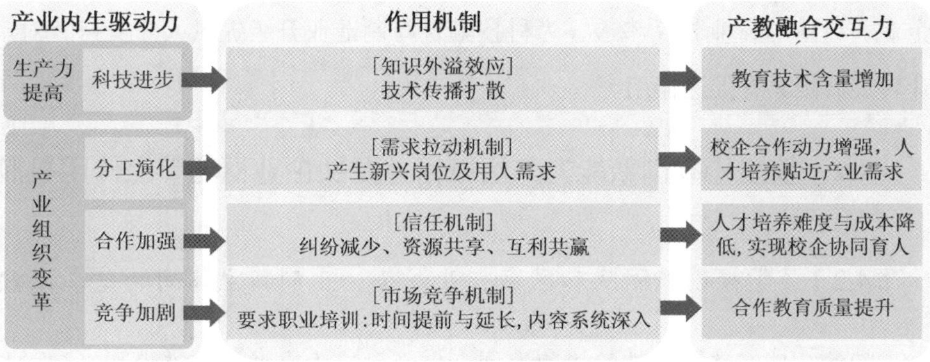

图4-4　产业内生驱动力与产教融合交互力的作用机制

产和学作为内生驱动和产教融合的重要因素，在促进产业转型升级中发挥着重要作用。产业的升级推动产业不断向新领域延伸，推动产学的耦合与互动，使产学与“教”的融合更加紧密。从产业的角度来看，产业是人和事之间互动的纽带，“产业—人—事”共生的生态圈，可以为产业发展提供动力。在产业融合过程中，企业通过知识、技术、劳动、资本等生产要素的投入，提高技术产出，可以实现产业与产业之间的相互促进。

产业升级包括产业技术进步、产业转型升级、行业内经济结构升级等，而产业转型则主要涉及产业组织结构、产业链延伸、知识体系、组织架构、人才队伍等关键要素的升级。从产业内部技术变革角度出发，校企合作可以在企业间形成协同效应，从而实现产学融合。首先，校企合作可以提高教师与工程师的协同性，提高学校的教学质量，提升企业的生产效率。校企双方的相互合作可以降低企业的生产成本，提高企业的生产效率，进而实现产业的创新。其次，企业间的相互竞争，可以促进产业与技术融合，从而提高企业的核心竞争力。最后，企业通过产业联动对企业内各类要素进行有效整合，可以实现企业价值链的优化升级。从产业外部技术的产业跨界融合角度来看，产业融合需要企业进行产业分工，形成产业集群，并实现行业间知识共享，打破知识壁垒，推动产业协同发展。技术融合、人才融合和产业融合为产教融合提供物质基础，产业与技术、市场与产业、产业与社会、企业与企业、行业与行业相互渗透，为科技融合与制造业升级提供人才支持，对产业转型升级具有促进作用。

4.2 校企协同创新能力与区域行业龙头企业枢纽节点作用机制

4.2.1 学校创新团队和区域行业龙头企业创新主体间的壁垒突破

随着全球经济和科技的快速发展，创新已成为推动社会进步和经济增长的核心驱动力。在这样的背景下，学校创新团队和区域行业龙头企业成了创新主体中的重要力量。然而，这两个主体之间存在一定的壁垒，限制了二者的合作和共同创新。因此，如何突破这些壁垒，促进学校创新团队和区域行业龙头企业的合作与创新成为一个迫切需要解决的问题。

一、学校创新团队与区域行业龙头企业的壁垒

1. 文化和理念方面的差异

学校创新团队和区域行业龙头企业在文化和理念方面存在一定的差异。学校创新团队注重理论研究和创新实践，而企业则更加注重市场需求和商业利润的实现。因此，学校创新团队和企业在创新目标、方法、成果的评价等方面存在差异，这给二者的合作和创新带来了一定的难度。

2. 人才培养模式的不同

学校创新团队和区域行业龙头企业的人才培养模式也存在差异。学校创新团队注重培养创新精神和创新能力，强调知识的广度和深度，而企业则更加注重实践经验和技能的培养，强调专业的技能和职业素养的提升。因此，学校创新团队和企业在人才培养目标和方法上存在一定的差异，这也限制了二者的合作和创新。

3. 知识产权和技术转化问题

学校创新团队和区域行业龙头企业在知识产权和技术转化方面存在一定的差异。学校创新团队通常依托学术机构进行研究，产生的创新成果多以论文、专利等形式呈现，而企业则更加注重技术的商业化应用。因此，学校创新团队和企业在知识产权保护和技术转化方面存在一定的差异，这也限制了二者的合作和创新。

二、突破学校创新团队和区域行业龙头企业之间壁垒的途径

1. 加强交流和沟通

加强学校创新团队和区域行业龙头企业之间的交流和沟通是突破壁垒的关键。学校创新团队可以主动与企业联系，了解企业的需求和问题，并通过专业的技术和知识为企业提供解决方案。企业也可以向学校创新团队征求意见和建议，共同探讨创新的方法和成果。通过交流和沟通，学校创新团队和企业可以更好地理解彼此，建立互信，打破隔阂，进而实现共同创新。

2. 建立合作机制和平台

建立学校创新团队和区域行业龙头企业之间的合作平台，是促进合作和

共同创新的重要途径。学校创新团队可以与企业建立合作关系，共同进行研究，分享资源和技术，实现技术转化和商业化应用。企业也可以向学校创新团队提供合作平台，为学校创新团队提供实践场所和商业支持。通过建立合作平台，学校创新团队和企业可以充分利用各自的优势，实现合作共赢。

3. 加强人才培养与交流

加强学校创新团队和区域行业龙头企业之间的人才培养和交流，是促进合作和共同创新的重要途径。学校创新团队可以向企业输送具有创新精神和能力的人才，为企业提供高素质的研发人才和技术支持。企业也可以向学校创新团队输送实践经验和市场需求，为学校创新团队提供创新创业的机会和平台。通过加强人才培养和交流，学校创新团队和企业可以共同培养高素质的人才，为社会发展和经济增长提供人才支持。

4. 推进产学研合作

推进学校创新团队和区域行业龙头企业之间的产学研合作，是促进合作和共同创新的重要途径。学校创新团队可以与企业合作开展产学研项目，共同解决现实问题，推动科技成果的转化和应用。企业可以提供资源和技术支持，为学校创新团队提供实践场所和商业支持。同时，政府也可以加大对产学研合作的支持和投入，为学校创新团队和企业提供更多的合作机会和支持。

5. 开展联合研究和开发

开展联合研究和开发，是学校创新团队和区域行业龙头企业之间打破壁垒的有效途径。学校创新团队可以与企业共同开展研究和开发项目，通过协作和共享资源，实现创新成果的快速转化和应用。企业可以为学校创新团队提供实践支持和商业支持，将研究成果转化为商业价值。通过联合研究和开发，学校创新团队和企业可以共同推动科技创新和产业发展。

6. 加强知识产权保护和运用

知识产权是创新的核心，也是企业发展的重要保障。在合作过程中，学校创新团队和企业应当共同重视知识产权的保护和运用，避免因知识产权问题导致的纠纷和损失。双方可以签署保密协议和知识产权协议，明确知识产权的归属和使用方式。同时，学校创新团队和企业也可以共同探讨知识产权的运用和转化方式，将科技成果转化为商业价值。

7. 加强创新创业教育

创新创业教育是提高学生创新创业能力和素质的重要途径。学校应该加强创新创业教育，为学生提供更多的机会和平台，鼓励学生积极参与创新创业活动，培养学生的创新创业精神和实践能力。同时，学校也应该加强与企业的合作，为学生提供更多的实践机会和支持，帮助学生更好地将创新创业理念转化为实践行动。

8. 加强社会责任和可持续发展

学校创新团队和企业应该共同肩负起社会责任和可持续发展的重任。双方应该注重环保、节能和资源利用，避免浪费和污染。同时，学校创新团队和企业也应该注重员工福利和社会公益，为员工和社会作出更多的贡献。

学校创新团队和区域行业龙头企业是促进科技创新和推动产业升级的重要力量。然而，在实际合作中，由于种种原因，双方之间往往存在着一些壁垒和障碍。为了打破这些壁垒，促进学校创新团队和企业之间的合作和共同创新，可以采取加强交流和沟通、建立合作平台、加强人才培养与交流、推进产学研合作、开展联合研究和开发等措施。只有双方共同努力和合作，才能实现科技创新和产业发展的双赢。

4.2.2 学校创新团队和区域行业龙头企业协同创新体建设

学校创新团队和区域行业龙头企业可以通过多种方式进行合作，如技术合作、研究合作、产业链合作、投资合作等。在选择合作方式时，双方需要考虑到自身的需求和优势，明确合作目标和内容，建立长期稳定的合作关系。

1. 技术合作

技术合作是指学校创新团队和区域行业龙头企业在技术领域上的合作。学校创新团队通常拥有前沿性和基础性的科学研究能力，而区域行业龙头企业则需要应用科学研究成果，推动产品升级和技术创新。技术合作可以让双方充分发挥各自的优势，实现互利共赢。技术合作的具体形式可以是技术转移、技术咨询、技术支持等。

2. 研究合作

研究合作是指学校创新团队和区域行业龙头企业在科学研究领域的合作。学校创新团队可以利用自身的研究资源和人才优势，开展前沿性和基础性的科学研究，而区域行业龙头企业则可以提供研究主题和资金支持，促进研究成果的转化和应用。研究合作的具体形式可以是共同申请科研项目、共同开展科研课题、共同发表科研论文等。

3. 产业链合作

产业链合作是指学校创新团队和区域行业龙头企业在产业链上的合作。学校创新团队可以为区域行业龙头企业提供前端技术支持，如原材料开发、产品设计等，而区域行业龙头企业则可以为学校创新团队提供后端产业支持，如产品销售、营销渠道等。产业链合作可以实现产业链的协同发展，提高整个产业链的竞争力。

4. 投资合作

投资合作是指学校创新团队和区域行业龙头企业在投资领域的合作。学校创新团队可以寻求区域行业龙头企业的资金支持，进行科研项目的投资和运营，而区域行业龙头企业则可以通过投资学校创新团队，获得科技成果和商业价值的回报。投资合作可以促进双方在科技创新和产业化领域的合作，推动科技成果的转化和商业化。

综上所述，学校创新团队和区域行业龙头企业可以通过多种方式建立协同创新体，实现资源共享、优势互补、合作共赢。在建立协同创新体时，需要注重以下四个方面的问题。

1. 加强沟通和交流

建立协同创新体的首要条件是建立良好的沟通和交流机制。学校创新团队和区域行业龙头企业之间的交流可以通过多种形式进行，如定期会议、交流访问、联合研究等。双方需要明确合作目标和内容，制定具体的合作计划和时间表，确保合作的顺利进行。

2. 确定合作方式

学校创新团队和区域行业龙头企业需要根据各自的需求和优势，确定合适的合作方式。在确定合作方式时，双方需要考虑到自身的资源和能力，以及合作的目标和内容；需要考虑到自身的利益，制定具体的合作协议和合同，确保合作的顺利进行。

3. 加强人才交流和培养

学校创新团队和区域行业龙头企业需要加强人才交流和培养，共同培养具有国际水平和创新能力的人才。学校可以通过教育和科研活动，培养学生的创新能力和实践能力；区域行业龙头企业可以通过为学生提供实习机会和职业培训，培养学生的实践能力和创新能力。双方需要制定人才培养计划和方案，确保人才培养的质量和效果。

4. 加强知识产权保护和管理

学校创新团队和区域行业龙头企业在协同创新中共同使用知识产权。为了保护双方的知识产权和商业利益，需要建立完善的知识产权保护和管理机制。双方需要共同制定知识产权保护和管理的规章制度，明确知识产权的归属和使用方式，防止知识产权的侵权和滥用。

4.2.3 学校和区域行业龙头企业创新要素与资源汇聚

随着全球经济的快速发展和竞争的加剧，企业要保持竞争优势和持续创新，就需要不断提高其创新能力。创新是推动企业发展和变革的核心驱动力，而创新的成功取决于创新要素的合理配置和资源的优化利用。在这种情况下，学校和区域行业龙头企业可以作为创新要素和资源的重要来源，为企业提供优质的人才和创新资源，促进企业的创新发展。

一、学校作为创新要素的提供者

1. 培养创新人才的作用

学校作为高等教育机构，具有培养创新人才的重要作用。在学校中，学生可以接受系统的教育和培训，获得专业知识和技能，提高自身的创新能力和实践能力。此外，学校还可以为学生提供多样化的创新资源，如实验室、科研项目等，为学生提供创新平台和机会，促进学生创新思维和实践能力的发展。

2. 学术研究的创新推动作用

学校还可以作为学术研究的创新推动者。在学校中，教师和学者可以开展前沿的学术研究和创新探索，探究新的知识和技术，推动学术进步和社会发展。同时，学校还可以将学术成果转化为实际应用，为企业提供新的技术和产品，促进产业创新和升级。

二、区域行业龙头企业作为创新资源的提供者

1. 技术和产品创新的支撑作用

区域行业龙头企业通常拥有先进的技术和创新产品，这些技术和创新产品可以为企业提供创新资源和支撑，促进企业的技术创新和产品升级。此外，龙头企业还可以为企业提供创新平台和机会，如合作研发、技术转移等，为企业提供更多的创新资源和机会。

2. 人才和市场的支持作用

区域行业龙头企业可以为企业提供人才和市场的支持。龙头企业通常吸引和培养了大量的优秀人才，这些人才可以为企业提供创新人力资源和专业知识，帮助企业提升创新能力。此外，龙头企业在市场上具有较强的竞争力和品牌影响力，可以为企业提供市场信息和资源，帮助企业了解市场需求和趋势，指导企业的创新方向和战略决策。

三、学校和区域行业龙头企业的合作与资源汇聚

1. 人才培养与企业需求的对接

学校和区域行业龙头企业可以通过合作，实现人才培养与企业需求的对

接。学校可以了解企业对人才的需求，调整课程设置和教学内容，培养符合企业要求的创新人才。同时，龙头企业可以提供实习和就业机会，与学校建立紧密的合作关系，为学生提供实践锻炼和就业的机会，使学校培养的人才与企业需求高度匹配。

2. 技术研发与产业创新的合作

学校和区域行业龙头企业可以在技术研发和产业创新方面展开合作。学校的科研团队可以与企业合作开展研究项目，共享资源和知识，推动前沿技术的研发和应用。龙头企业可以为学校提供研究经费和实验平台，支持学校的科研创新。通过合作，学校和企业可以共同解决技术难题，推动产业创新和升级。

3. 创新资源的共享与互补

学校和区域行业龙头企业可以共享和互补创新资源。学校可以向企业提供人才和专业知识，帮助企业提升创新能力和竞争力。企业可以向学校提供技术和市场资源，促进学校的科研和创新成果转化。通过资源的共享与互补，学校和企业可以实现优势互补，形成良好的创新生态系统。

学校和区域行业龙头企业在创新要素和资源的提供方面发挥着重要作用。学校通过培养创新人才和推动学术研究，为企业提供人才。区域行业龙头企业通过技术和产品创新、人才和市场的支持，为企业提供了实际的创新资源和市场优势。学校和区域行业龙头企业之间的合作与资源汇聚，可以进一步推动产业创新发展。

通过人才培养与企业需求的对接，学校可以培养出符合企业需求的创新人才，满足企业对高素质人才的需求。同时，龙头企业可以提供实习和就业机会，使学生能够接触实际工作环境，锻炼创新能力。这种紧密的合作关系有利于构建人才培养的闭环，促使学校培养的人才与企业需求相匹配，提高创新的效率和质量。

在技术研发与产业创新方面，学校和区域行业龙头企业的合作可以加速科研成果的转化和应用。学校的科研团队可以与企业共同开展研究项目，将学术研究成果转化为实际应用，为企业提供新的技术和产品。而企业可以为学校提供研究经费和实验平台，支持学校的科研创新。这种合作模式可以促进科研成果的转化与应用，加快技术进步和产业创新的步伐。

此外，学校和区域行业龙头企业的合作还可以实现创新资源的共享与互补。学校可以向企业提供人才和专业知识，帮助企业提升创新能力和竞争力；企业可以向学校提供技术和市场资源，促进学校的科研和创新成果的转化。通过资源的共享与互补，学校和企业可以形成良好的创新生态系统，激发创新的活力和动力。

综上所述，学校和区域行业龙头企业的合作与资源汇聚对于促进企业的创新发展至关重要。学校作为创新要素的提供者，通过培养创新人才和推动学术研究，为企业提供创新人才。区域行业龙头企业通过技术和产品创新、人才和市场的支持，为企业提供实际的创新资源和市场优势。学校和企业之间的合作与资源汇聚可以实现人才培养与企业需求的对接，加速技术研发与产业创新，实现创新资源的共享与互补。这种合作模式可以推动企业创新能力和竞争力的提升，促进区域经济的创新发展。

当然，学校和区域行业龙头企业的合作也存在一些挑战和问题。

首先，学校和企业之间存在信息不对称的问题，学校往往难以准确了解企业的创新需求，企业也可能不清楚学校的创新资源和能力。因此，建立双向的信息沟通和合作机制，加强学校与企业之间的互动与交流非常重要。

其次，学校和企业需要建立长期稳定的合作关系，而不是仅仅停留在短期的合作项目上。通过长期合作，双方可以建立起互信和共赢的合作模式，形成可持续发展的创新合作机制。

最后，政府需要充分发挥引导和支持作用。政府可以制定相关政策，鼓励学校和企业之间的合作，提供资金支持和政策激励，营造良好的创新生态环境。

总之，学校和区域行业龙头企业的合作与资源汇聚是推动创新发展的重要路径。学校通过培养创新人才和推动学术研究，为企业提供人才。区域行业龙头企业通过技术和产品创新、人才和市场的支持，为企业提供实际的创新资源和市场优势。学校和企业之间的合作与资源汇聚需要加强信息沟通、建立稳定合作关系，并得到政府的支持和引导。通过共同努力，学校和企业可以共同推动创新发展，促进经济的持续繁荣。

4.2.4 学校和区域行业龙头企业协同创新长效机制

在当前全球竞争激烈的经济环境下，创新已成为企业持续发展的关键要素。学校是培养人才和知识创新的重要场所，区域行业龙头企业是技术创新和市场引领的中坚力量，二者之间的协同创新关系对于推动社会经济发展具有重要意义。本文将探讨学校和区域行业龙头企业协同创新长效机制的重要性、关键要素和构建路径。

一、学校和区域行业龙头企业协同创新的重要性

1. 促进人才培养与企业需求对接

学校作为人才培养的重要场所，通过与区域行业龙头企业的协同创新，能够更好地了解企业对人才的需求。通过与企业合作开展教学项目、提供实习机会等方式，学校能够培养出更符合企业需求的创新型人才，为企业提供有竞争力的人力资源。

2. 促进科技研发与产业创新

学校在科学研究方面拥有丰富的资源和专业知识，而区域行业龙头企业则具备市场需求和产业应用的实践经验。二者的协同创新可以促进科技研发成果的转化和应用，推动产业创新和技术进步。学校的科研成果可以通过与企业的合作得到更好的应用和推广，同时企业的市场需求也能够为学校的科研提供实践场景，使科研更贴近市场。

3. 促进区域经济的发展

学校和区域行业龙头企业的协同创新不仅对企业自身发展有益，也对整个区域经济的发展具有重要推动作用。学校和企业之间的协同创新可以促进技术创新和产业升级，进而带动就业增长、产业结构优化和经济持续发展。

二、学校和区域行业龙头企业协同创新的关键要素

1. 信息共享与沟通机制

学校和区域行业龙头企业需要建立良好的信息共享与沟通机制。双方应建立沟通渠道，分享最新的研究成果、市场趋势和需求信息。这有助于学校了解企业的创新需求和市场动态，以便调整教学内容和研究方向，同时也可以让企业了解学校的科研成果和人才培养情况。

2. 资源共享与优势整合

学校和区域行业龙头企业可以通过资源共享与整合实现协同创新。学校拥有丰富的人才和科研资源，可以为企业提供专业知识和技术支持。而企业则可以为学校提供实践场景和资源支持，例如提供实习和就业机会、研发经费和设备等。双方可以通过共享和整合资源，实现优势互补，提高创新效率和质量。

3. 合作研发与项目实施

学校和区域行业龙头企业可以共同开展项目研发和创新实践，以推动协同创新的深入发展。双方可以共同申请科研项目，建立联合研究团队，共同攻关解决行业难题。同时，双方可以合作开展创新实践项目，将学校的科研成果应用到实际生产和市场中，验证技术的可行性和商业价值。这种合作模式有助于促进科研成果的转化和应用，推动产业的创新和升级。

4. 人才培养与交流合作

学校和区域行业龙头企业可以通过人才培养和交流合作实现协同创新。学校可以为企业提供优秀的毕业生和实习生，企业可以为学校提供实践机会和培训资源。双方可以建立长期的人才培养合作机制，例如共建实验室、设立奖学金、开展双向导师制度等，以促进人才的培养和交流，培养具有创新能力和实践能力的人才。

三、构建学校和区域行业龙头企业协同创新长效机制的路径

1. 加强政策支持和引导

政府应制定相关政策，鼓励学校和区域行业龙头企业的协同创新，提供

资金支持和政策激励，营造良好的合作环境。政府可以设立专项资金，支持学校和企业的联合研究和创新项目。此外，政府还可以建立评价机制，对学校和企业的协同创新进行评估和奖励，激励双方加强合作，推动协同创新的长期发展。

2. 建立联合实验室和创新中心

学校和区域行业龙头企业可以共同建立联合实验室和创新中心，提供共享的研究设备和实验平台。这些实验室和中心可以成为学校和企业开展创新研究的基地，为双方提供更好的合作条件和资源支持。通过共享实验室和创新中心，学校和企业可以加强合作，推动科研成果的转化和应用。

3. 建立产学研合作平台

学校和区域行业龙头企业可以共同建立产学研合作平台，促进双方的交流与合作。这样的平台可以提供项目对接、资源整合、人才培养等多方面的支持，为学校和企业搭建合作的桥梁。通过产学研合作平台，双方可以更加便捷地寻找合作机会，实现技术创新和产业升级。

4. 加强交流与合作机制的建设

学校和区域行业龙头企业应加强交流与合作机制的建设，建立双向的交流渠道和合作平台。双方可以定期举办创新论坛、技术交流会等活动，促进学校和企业的互动与合作。同时，学校和企业可以签订合作协议，明确双方的权责和合作方式，确保协同创新的顺利进行。

5. 培养创新人才和跨界人才

学校和区域行业龙头企业应共同努力，培养具有创新能力和跨界能力的人才。学校可以调整课程设置，增加创新教育和实践环节，培养学生的创新思维和实践能力。企业可以提供实习机会和培训项目，帮助学生获得实践经验。双方还可以共同开展跨界培训项目，让学生和企业员工有机会跨领域学习和交流，从而培养具备多元技能和综合素养的创新人才。

6. 建立长期稳定的合作关系

学校和区域行业龙头企业的协同创新需要建立长期稳定的合作关系。双方可以签订战略合作协议，明确合作的目标、范围和方式，并建立合作机构或联合实验室。通过长期合作，双方可以逐步建立起互信和共赢的关系，形成稳定可持续的协同创新机制。

7. 加强国际合作与交流

学校和区域行业龙头企业可以积极开展国际合作与交流，借鉴国际先进经验和创新模式。双方可以开展国际联合研究项目、共同申请国际科研资助、组织国际学术交流等。通过国际合作，学校和企业可以扩大合作的范围和影响力，提高创新能力和国际竞争力。

学校和区域行业龙头企业协同创新长效机制的构建对于推动经济发展、促进技术创新具有重要意义。通过加强信息共享、资源整合、合作研发、人才培养与交流，以及建立长期稳定的合作关系等关键要素的建设，可以打造一个有利于学校和企业协同创新的良好环境和机制。同时，政府的政策支持和引导也是构建协同创新机制的重要保障。通过共同努力，学校和区域行业龙头企业可以实现创新要素和资源的汇聚，推动创新能力和竞争力的提升，为经济发展注入新的活力和动力。

4.3 行业龙头企业特色产业与学校新工科特色技术成果孵化立体叠加机制

4.3.1 特色产业前瞻性技术与开放性创新资源的集聚效应

随着全球经济的快速发展和科技的不断进步，特色产业的发展成为推动经济增长和提升国家竞争力的重要战略选择。在特色产业的发展过程中，前瞻性技术和开放性创新资源的集聚成为关键的驱动力。特色产业作为一种基于区域资源和优势的战略性产业，具有创新性、差异化和高附加值的特点，对于促进区域经济发展、推动产业升级和提升国家竞争力具有重要意义。在特色产业的发展过程中，前瞻性技术和开放性创新资源的集聚起着至关重要的作用。前瞻性技术指的是那些具有较长时间应用前景、高风险和高回报的新兴技术，如人工智能、大数据、生物技术等。开放性创新资源包括知识、技术、人才、资本等多种要素。通过开放性的合作和共享，可以促进创新的快速发展。

前瞻性技术通常具有较长时间的应用前景，可以在相当长的时期内为特色产业的发展提供支撑和动力。例如，人工智能技术可以应用于智能制造、智慧城市等领域，具有广阔的应用前景和市场潜力。前瞻性技术往往伴随着高风险和高回报。这些技术尚处于探索和发展阶段，存在较大的不确定性和风险。然而，一旦成功应用和商业化，前瞻性技术带来的回报也将是巨大的。因此，特色产业在追求前瞻性技术时需要有一定的风险承担能力。

开放性创新资源强调知识和技术的共享与合作。特色产业需要与其他相关产业、研究机构和高校等建立合作关系，共享专业知识和技术资源，实现优势互补，提高创新效率和质量。开放性创新资源还包括人才和资本的流动与交流。特色产业需要吸引和培养具有创新能力和专业技能的人才，并通过人才的流动和交流，促进不同地区、企业和产业之间的合作与创新。前瞻性技术和开放性创新资源之间存在着密切的互动关系。前瞻性技术的发展需要充分的开放性创新资源的支持，而开放性创新资源的集聚又能促进前瞻性技术的研发和应用。二者相互促进、相互支持，形成良性循环，从而推动特色产业的快速发展。

特色产业需要构建一个完善的技术创新生态系统，吸引各类创新主体参与其中，包括企业、研究机构、高校、创业者等。共享知识、技术和资源可以形成开放性创新环境，促进前瞻性技术的集聚和转化。

政府应制定相应的政策支持措施，为特色产业中的前瞻性技术和开放性创新资源的集聚提供支持和激励，包括财政资金的投入、税收优惠政策、知识产权保护等方面的政策措施，以及建立创新创业孵化器、科技园区等创新载体，提供创业支持和孵化服务。

特色产业前瞻性技术与开放性创新资源集聚的路径如下。

1. 加强产学研合作

特色产业应加强与高校、科研机构等的合作，共同开展前瞻性技术的研究和应用。通过建立联合实验室、技术转移中心等平台，促进知识和技术的交流与转化，实现产学研的有机结合。

2. 拓宽国际合作与交流渠道

特色产业应积极开展国际合作与交流，与国外的相关产业、企业和研究机构建立合作关系，共享前瞻性技术和开放性创新资源。通过国际合作，可以引进先进的技术和经验，提升特色产业的创新能力和竞争力。

3. 建立创新平台和载体

特色产业应建立创新平台和载体，为前瞻性技术和开放性创新资源的集聚提供空间和环境，包括建设创新园区、科技城市、科技孵化器等，为创新主体提供办公场所、研发设施和配套服务，激发创新活力和创新合作。

4. 加强人才培养与引进

特色产业应加强人才培养与引进，培养具有前瞻性技术和开放性创新资源的人才队伍。特色产业可以吸引和引进具有相关专业知识和技术能力的人才，为特色产业的发展提供强有力的支持。

通过前瞻性技术与开放性创新资源的集聚，特色产业的经济增长和竞争力可以得到显著提升。前瞻性技术的应用能够改变传统产业的生产方式和商业模式，提高产业的效率和质量，推动新产品和服务的开发和推出。同时，开放性创新资源的集聚也能够促进产业间的合作与共享，实现资源的优化配置和利益的最大化。在这些因素的共同作用下，特色产业的创新能力和市场竞争力将得到显著提升。

前瞻性技术与开放性创新资源的集聚还能够推动区域发展和社会进步。一方面，特色产业的快速发展将带动相关产业链的发展和完善，形成产业集群效应，促进区域经济的繁荣和就业机会的增加；另一方面，前瞻性技术和开放性创新资源的集聚也能够促进科技水平的提升和人才的培养，为区域的创新能力和可持续发展提供坚实的支撑。

前瞻性技术与开放性创新资源的集聚还能够提供生态环境保障和推动可持续发展。通过引入环保技术和绿色生产方式，特色产业可以实现资源的有效利用和环境的保护，减少对自然资源的消耗和污染的排放。同时，开放性创新资源的集聚也能够促进创新和研发的合作与共享，为可持续发展提供新的动力和方向。

政府应制定相应的支持政策，鼓励前瞻性技术和开放性创新资源的集聚，包括加大财政投入、设立专项资金支持科技创新和产业发展、提供税收优惠政策和知识产权保护等，激励创新主体积极投入特色产业的发展中。

特色产业应加强与高校、科研机构的合作，建立稳定的产学研合作关系，通过共享研发成果和知识资源，加强技术交流与转移，实现产学研之间的有机衔接，提升特色产业的创新能力和技术水平。特色产业应积极开展国际合作与交流，与国外相关产业和研究机构建立合作伙伴关系，通过引进先进技术和经验，提升特色产业的国际竞争力和影响力。特色产业应建立创新平台，为前瞻性技术与开放性创新资源的集聚提供支持和保障，建设创新园区、科技孵化器和技术转移中心等创新载体，提供优质的创新环境和配套服务，激发创新主体的活力和创新合作的动力。特色产业应加强人才培养与引进，建立健全的人才培养体系，通过改革教育体制，加强创新教育和实践训练，培养具有创新思维和实践能力的专业人才。同时，特色产业应吸引和引进具有前瞻性技术和开放性创新资源的高级人才，提升特色产业的核心竞争力和创新能力。

前瞻性技术与开放性创新资源的集聚对经济增长、区域发展和社会进步具有重要意义。通过加强前瞻性技术的研发和应用，搭建开放性创新资源的共享平台，特色产业能够实现创新能力和竞争力的提升，推动经济的可持续发展。为此，政府应制定相关支持政策，促进产学研合作和国际合作，建立创新平台，加强人才培养和引进，推动特色产业中前瞻性技术与开放性创新资源的集聚，实现产业的升级和跨越式发展。

4.3.2 龙头企业协同创新中心与产教融合互助共建优势互补机制

近年来，随着经济全球化和科技创新的快速发展，龙头企业协同创新中心成为推动产业发展和经济增长的重要力量。与此同时，产教融合互助共建模式也成为推动高等教育和产业发展的有效途径。随着全球化的进一步深入，企业面临日益激烈的竞争环境。为了在市场竞争中保持竞争力，企业需要不断进行创新，从而提高自身核心竞争力。在这一过程中，龙头企业协同创新中心的出现为企业创新提供了新的机遇。

龙头企业是指在特定行业或领域中具有较高市场份额和影响力的领导企业。它们通常具有先进的技术、强大的资金实力和良好的品牌声誉。协同创新中心是一个组织机构或平台，旨在促进不同企业、科研机构和高校之间的合作与创新。协同创新中心为参与者提供资源共享、技术交流和合作研发的机会。

一、龙头企业协同创新中心的作用与优势

1. 技术领先与创新引领

龙头企业协同创新中心通常拥有先进的技术研发能力和创新能力，能够带动整个产业的技术升级和创新。龙头企业协同创新中心通过与其他企业、科研机构和高校的合作，共同开展研发项目和技术创新，可以推动技术前沿的突破与应用。

2. 资源整合与共享

龙头企业协同创新中心可以整合产业链上的各种资源，包括技术、资金、人才、市场渠道等，实现资源的共享与优化。通过资源的共享和优化，各参与方可以共同承担风险和成本，提高创新效率和成果转化率。

3. 人才培养

龙头企业协同创新中心与高校、科研机构的合作可以促进人才培养。通过开展联合培养项目、共享实习基地和研究设施等方式，龙头企业协同创新中心可以为高校学生提供与企业合作的机会，培养具有实践能力和创新精神的高素质人才，满足产业发展的人才需求。

二、产教融合互助共建模式的内涵与实践

1. 产教融合的理念与目标

产教融合是指产业界和教育界之间的紧密合作与融合。它通过将教育培训与产业需求紧密结合，可以实现教育与产业的良性互动，提高人才培养质量和市场适应能力。

2. 互助共建的实施途径与方式

互助共建是指企业、高校和政府之间相互协作、共同投入资源和力量，共同推进产教融合的建设。实施途径包括建立产教融合合作平台、推动产学研合作项目、共享实践基地和实验室等。

三、龙头企业协同创新中心与产教融合互助共建的优势互补机制的意义

1. 促进技术创新与产业升级

龙头企业协同创新中心与产教融合互助共建可以通过合作研发、技术转移和创新项目等方式促进技术创新和产业升级。龙头企业通常具有先进的技术研发能力和市场洞察力，而高校和科研机构则具备丰富的科研资源和专业知识。通过合作，龙头企业协同创新中心可以加强技术交流和创新合作，加快科技成果的转化和产业的升级。

2. 提高人才培养质量与市场适应能力

产教融合互助共建可以促进人才培养质量的提升和市场适应能力的增强。龙头企业作为产业的领导者，能够提供实践机会和实习平台，使学生能够接触到真实的产业环境和挑战。同时，高校教师可以通过与企业的合作，了解市场需求、了解行业动态，使教学内容更贴近实际需求，培养具备实践能力和创新精神的高素质人才。

3. 优化资源配置与风险分担

龙头企业协同创新中心与产教融合互助共建可以实现资源的优化配置和风险的共担。龙头企业通常拥有丰富的资金和技术资源，而高校和科研机构则具备人才培养和科研能力。通过合作，可以实现资源的共享与整合，降低

研发成本和风险，提高创新效率和成功率。

4. 推动区域经济发展与产业集聚

龙头企业协同创新中心与产教融合互助共建可以推动区域经济的发展和产业的集聚。通过合作创新，可以吸引更多的企业和创新人才进入该区域，形成产业集聚效应。同时，合作创新也可以提升整个区域的创新能力和竞争力，推动区域经济的快速发展。

5. 增强企业社会责任与可持续发展

龙头企业协同创新中心与产教融合互助共建体现了企业的社会责任和可持续发展理念。通过与高校和科研机构的合作，企业能够将自身的技术和资源投入社会中，促进创新和发展，为社会作出贡献。同时，合作创新也可以提升企业的竞争力和市场份额，实现可持续发展。

在实践过程中，龙头企业协同创新中心与产教融合互助共建需要注意以下几点。

（1）建立长期稳定的合作关系。合作关系的建立需要双方建立互信和共识，形成长期稳定的合作机制。双方应明确各自的责任和权益，共同制定合作计划和目标，并进行定期评估和调整。

（2）加强沟通与交流。沟通与交流是合作的基础，双方应保持密切的沟通，及时解决合作中的问题和困难。可以通过定期会议、联合研讨和项目交流等方式加强合作伙伴之间的交流。

（3）充分发挥各方的优势。合作双方应充分发挥各自的优势，形成优势互补的合作模式。龙头企业可以提供技术、资金和市场资源，高校和科研机构可以提供专业知识、人才培养和科研支持，共同推动产学研合作。

（4）着眼于长远发展和可持续性。合作应着眼于长远发展和可持续性，双方不仅要关注眼前的利益，还要注重合作的长期效益。双方应共同思考如何培养人才、促进创新，推动产业的可持续发展。

（5）积极探索创新合作模式。合作双方应积极探索适合自身情况的创新合作模式。合作双方可以借鉴国内外成功的案例和经验，通过试错和不断改进，找到适合双方的合作模式，实现优势互补和共同发展。

龙头企业协同创新中心与产教融合互助共建优势互补机制，可以实现企业、高校和科研机构的共赢，推动创新和发展，为社会经济的可持续发展作出积极贡献。

4.3.3 校企双转化特色产业技术立体叠加良性循环机制

随着经济全球化的深入发展和科技创新的不断推进，校企合作成为推动产业发展和技术创新的重要方式之一。校企合作对校企双转化特色产业技术立体叠加良性循环机制的构建具有重要意义。

一、校企合作的内涵和意义

校企合作是指高校与企业之间建立起合作关系，通过相互交流、资源共享和技术转化等方式实现共同发展。校企合作的意义主要体现在以下三个方面。

首先，校企合作可以促进产业发展。高校能够为企业提供科技支持，推动产业的升级和转型。而企业则能够为高校提供实践平台，促进科研成果的转化和应用。其次，校企合作有助于技术创新的实现。高校拥有丰富的科研资源，而企业具备市场洞察力和实践经验，双方可以通过技术研发、技术转移和创新项目等方式推动技术创新的实现。最后，校企合作对于人才培养和社会发展具有积极的影响。通过与企业的合作，高校可以更好地了解市场需求和行业动态，调整和优化人才培养方案，培养出更符合社会需求的高素质人才，为社会发展提供有力支撑。

二、双转化特色产业的概念和特点

双转化特色产业是指通过校企合作，将科研成果转化为实际的产业项目，并推动其市场化和商业化。双转化特色产业的特点主要包括以下三个方面。

首先，双转化特色产业具有技术密集度高和市场前景好的特点。这类产业通常依托于科技创新和技术转化，具备较高的技术含量和附加值，同时也具备良好的市场前景和商业价值。其次，双转化特色产业需要跨学科领域和行业界的合作。由于双转化特色产业的发展需要融合多个学科的知识和技术，因此需要学校与企业之间的密切合作，共同攻克技术难题和推动产业发展。最后，双转化特色产业具有较高的风险和回报。由于这类产业涉及技术创新和市场开拓等方面的不确定性，因此在发展过程中面临较高的风险。但是，一旦成功转化并进入市场，双转化特色产业往往具有较高的经济回报和社会效益。

三、构建校企双转化特色产业技术立体叠加良性循环机制的关键要素

为了实现校企双转化特色产业技术立体叠加良性循环机制，以下是关键的要素和策略。

1. 搭建合作平台和机制

稳定的合作关系和沟通机制，可以为双方提供交流合作的平台。校企合作建立研究中心或创新实验室，可以促进双方资源的整合和共享，推动技术转化和项目孵化。学校与企业之间的紧密合作是构建校企双转化特色产业技术立体叠加良性循环机制的核心要素之一。学校可以充分发挥其在科研和人才培养方面的优势，为企业提供技术支持。企业则可以为学校提供实践平台，促使科研成果转化为实际应用。在合作中，双方需要建立稳定的合作关系，加强沟通与协作，共同制定合作计划和目标，并及时调整策略以适应市场需求的变化。

2. 强化产学研联动

项目合作、联合研发和技术转移等方式，可以加强高校、企业和科研机构之间的联动。紧密的产学研合作模式，可以促进科研成果的转化和产业化。技术转化和项目孵化是实现双转化特色产业的关键策略之一。通过技术转化，学校的科研成果可以转化为实际的产业项目。同时，企业需要建立项目孵化平台，为创新项目提供孵化支持，包括资金支持、管理咨询、市场推

广等方面的帮助，促使项目顺利落地并取得商业上的成功。

3. 建立激励机制和利益分享机制

高校可以为参与校企合作的各方进行合理的激励，包括科研成果的分成、专利权的归属和项目的利益分享等。这可以激发参与者的积极性和创造性，推动合作的深入发展。

4. 加强人才培养和技术交流

高校应加强与企业之间的人才培养和技术交流。通过合作导师制度、实习就业安排等方式，高校可以为学生提供更多的实践机会和创新平台，培养具备实际应用能力的高素质人才。创新人才培养与流动是构建良性循环机制的重要策略之一。高校需要加强与企业的人才培养合作，培养具备实践能力和创新精神的高素质人才。这可以通过联合培养计划、实习就业安排和产学研合作导师制度等方式实现。同时，高校需要鼓励人才的流动与交流，使学术界和产业界的人才相互渗透，促进知识和经验的共享与迁移。

5. 关注产业发展和市场需求

在校企合作过程中，双方需要密切关注产业发展和市场需求的变化，及时调整合作方向和策略，确保科研成果和技术创新能够与市场需求相匹配，实现产业化和商业化。

6. 加强政策支持和资金投入

政府应制定相关的政策支持措施，为校企合作提供良好的政策环境和资金支持。通过资金投入、税收减免、知识产权保护等方式，政府可以鼓励企业和高校积极参与校企合作，推动双转化特色产业的发展。创新金融和政策支持是构建良性循环机制的重要保障。创新项目往往需要大量的资金支持，在项目初期和关键阶段，需要金融工具的支持，包括风险投资、创业基金和科技贷款等。此外，政府也应采取相关的政策支持措施，为校企合作提供良好的政策环境，包括税收优惠、知识产权保护和科技创新奖励等。这样可以激励学校和企业积极参与校企合作，降低合作风险，并提供更多的发展机会和资源支持。

7. 加强国际合作与交流

积极开展国际的校企合作与交流，借鉴和吸收国际先进的经验和技术，可以推动校企双转化特色产业的国际化发展。国际合作与交流是构建良性循环机制的重要策略之一。通过与国际合作伙伴的交流与合作，企业可以引进先进的技术和管理经验，提高创新能力和国际竞争力。同时，国际合作也为双转化特色产业提供了更广阔的市场和发展机会。

校企双转化特色产业技术立体叠加良性循环机制是推动产业发展和技术创新的重要途径。校企合作可以将科研成果转化为实际产业项目，并推动其市场化和商业化，从而实现产业发展和技术创新的良性循环。构建这一机制的关键要素包括搭建合作平台、强化产学研联动、建立激励机制、加强人才培养、关注产业发展、加强政策支持和加强国际合作。在实践中，各方需要共同努力，形成良好的合作氛围和机制，推动校企合作不断深化和创新，为产业发展和社会进步作出更大的贡献。

4.4 校内腹地向行业龙头企业开放前沿转变新机制

4.4.1 校内腹地深层次技术研发向企业开放模式选择

校内腹地科技创新向企业开放，是促进高校与企业之间利益共享，实现产学研深度融合的必然选择。随着高校与企业不断对接，校企对创新活动的认识逐渐深入，达成共识，为彼此进行创新合作提供了新契机。企业通过“引进来”和“走出去”两种方式，获得市场优势，实现与高校的良性互动，提高校企科技创新能力，促进校企科技成果转化率的提升。校内腹地深层次技术研发向企业开放，不仅能够让企业获得资金、技术、信息等优势要素，更能够通过引进的科技资源，为企业的创新发展提供支撑。图4-5是校内腹地深层次技术研发向企业开放的过程，它是一个科技研发创新和成果转化的过程。

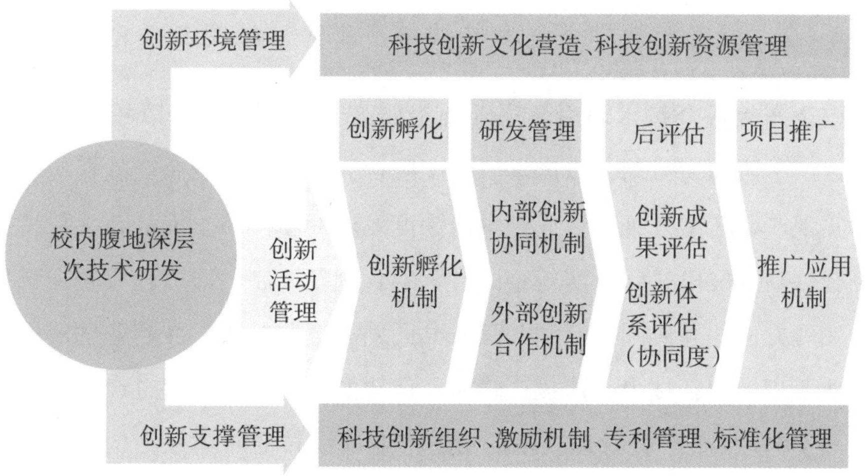

图4-5　校内腹地深层次技术研发向企业开放的过程

高校与企业在技术创新、应用研究、技术转移、人才培养等方面具有互补性。高校以市场需求为导向，以科技为引领，围绕技术创新，从人才培养、技术创新和产学研协同创新层面，实现产学研的深度融合，助力高校科技成果转化。同时，高校应当明确自身在科技成果转移转化、技术开发、科技成果推广等方面的优势，积极探索“产学研+”融合的模式，探索以校企技术研发合作为补充的产学研深度合作模式。

在高新技术向企业开放模式的选择上，高校应根据自身特点，从学校内部、外部和社会多角度进行选择。从自身特点出发，高校是科技成果转化的重要载体，是产学研协同发展的重要平台。为更好地实现产学研相结合，明确高校与龙头企业的合作定位非常关键。在外部环境上，高校与龙头企业建立合作关系，可以加强彼此间的学术交流与科研合作，促进高校科技与龙头企业产业经济的融合，提升高校的科技实力提供支持。此外，联合高校、企业、社会等多方力量开展技术研发，可以形成产学研相融合的多主体创新体系。

4.4.2 校企产教融合技术前沿与产业前沿转变新体系结构

校企产教融合技术前沿与产业前沿转变新体系结构是以校企对接为纽带，以产学协同为驱动，以产学研深度融合为手段，对校企产教资源进行整合，实现产业转型升级，形成产学研深度发展的新体系。围绕新工科特色产教融合创新发展模式，落实校企的产学融合创新机制，可以让校企在科教和产教发展方面相互协同、互利共赢，共同助力产业升级。在产业发展中，龙头企业要积极创新技术，形成产学研一体化的创新体系，促进产学研深度融合。图4-6是校企产教融合技术前沿与产业前沿转变新体系结构，它是将高校技术前沿通过校企产教融合转化为企业产业前沿的过程。

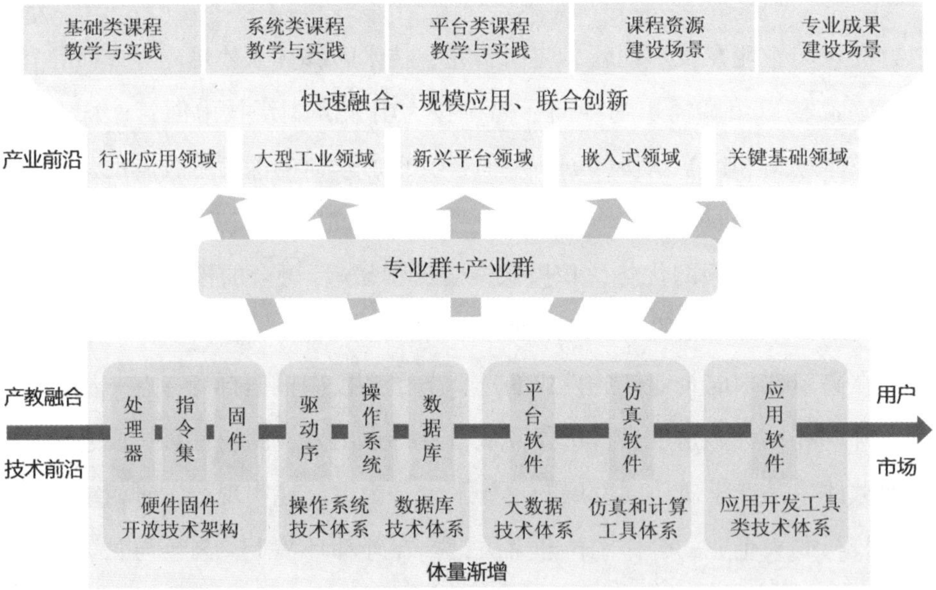

图4-6 校企产教融合技术前沿与产业前沿转变新体系结构

利用物联网、人工智能基础技术，高校可以强化数字导航、大数据、信息感知等技术在教学手段上的更新利用，提高对相应程序、技术、模式、工程的全方位感受与感知，增强教学效果，促进产教融合。此外，高校可以利用数字化的基础技术，打破时间和空间的限制，采用问题驱动教学法、案例教学法、情景模拟式教学等，实现教学过程的转变。

高校应改善教学中课程僵化、学习结构粗糙、知识简单叠加的问题，基于企业需求，厘清新工科专业的底层基础关键技术技能课程与相应领域专业型技能课程的作用关系，在不同网格化节点开设具有链式反应的基础课程，让不同课程之间的教学效果不只是简单地相加。

4.4.3 行业龙头企业前瞻性需求与产业资源向校内开放双向探索

在“双创”的大背景下，高校将自身产业优势与产业资源优势向行业龙头转化，通过产业资源的开放，实现高校与行业产业的双向融合发展。在校企合作模式下，行业企业将主动融入高校的产业孵化中心，并积极对接高校合作，利用校地优势，与高等院校形成产业对接关系，推进产业资源整合。通过“互联网+”、大数据、物联网、云计算、人工智能等现代信息技术，行业龙头企业可以充分发挥自身优势，不断拓宽行业、企业与高校的联系渠道，形成行业合力，实现行业集群的发展。高校围绕产业创新，注重高校与产业的融合，在产业科技、企业管理、人才培养、人才引进、成果转化等方面发挥了重大作用。因此，高校应把握产业战略、产业布局、政策导向和企业定位，培育具有核心竞争力、高市场竞争力、可持续发展能力的高成长性产业，以创新驱动的产业形态发展，实现产业转型升级。

产业是企业、高校、科研院所的聚集地，是人才集聚和知识聚集的载体，也是人才培养的创新点。产业园区是产业集聚的集中体现，是产业集群的聚集地。校企双向开放以产业园区为连接点，共享产业园区、产业集聚地资源。产业园区应立足自身特点，因地制宜，在产业集群的发展过程中形成产业协同效应。产业集群为产业园区提供了创新、集聚、辐射和带动等资源，在集聚后为园区提供资金、技术、人才、信息、管理等方面的支持，并形成集群效应、集聚效应和集群协同。产业创新是产业园区发展的支撑点，园区应结合自身发展特点和产业优势，围绕产业特色，立足特色产业，以产业为纽带，为产业聚集、产业辐射、产业链协同发展提供支持。

如图4-7所示，校企双向开放共建产业园区，围绕产业园区发展重点产业，结合园区核心功能，依托园区主导产业，在产业园区内部依托产业集群发展特色产业集群，加强产业集群产业链的整合，集聚区内产业集群资源，如企业集群、技术集群等。应推动园区企业集聚，提升园区整体竞争力。产业集群集聚和产业集群生态链的打通，可以提升产业园区产业价值链中的高校、企业及核心产品的附加值，最终实现园区在产业上的集聚。

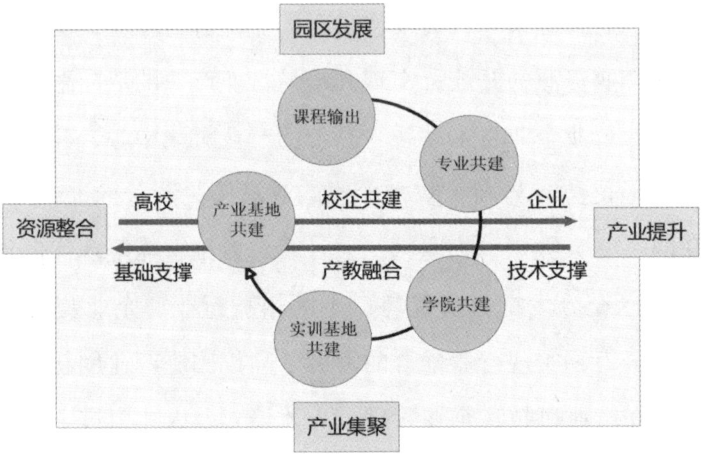

图4-7　校企双向开放共建产业园区

第5章 区域行业龙头企业支撑新工科特色产教融合生态环境建设

5.1 行业龙头企业与新工科特色产教融合生态环境

5.1.1 行业龙头企业融合新工科特色产教融合生态环境建设机制的形成

在当今快速发展的科技与产业环境中，行业龙头企业的崛起成为引领社会进步的推动力。新工科特色作为一种富有创新精神的教育理念，正逐渐成为产业升级和人才培养的重要支柱。行业龙头企业逐渐认识到与高校深度合作的必要性，通过产教融合，可以打造一个融合新工科特色的生态环境。这种机制不仅在企业和高校间搭建了坚实的桥梁，也为社会培养了更具实践能力的人才。

科技的飞速发展不仅对传统产业带来了颠覆性的影响，同时也催生了一批具有领军地位的企业，它们被誉为行业龙头企业。这些企业在技术创新、管理创新等方面展现出卓越的实力，成为推动整个行业向前发展的关键力量。然而，随之而来的是更为复杂和严峻的挑战，需要创新的思维和更广泛的合作。

在这一背景下，新工科特色逐渐崭露头角。新工科特色强调工程实践和创新能力的培养，注重培养学生的实际操作能力和团队协作精神。这与传统的教育理念形成了鲜明的对比，更加贴合当今社会对人才的需求。行业龙头企业认识到，要在激烈的市场竞争中立于不败之地，不仅需要自身具备先进的技术和管理水平，还需要有源源不断的高素质人才的支持。

因此，产教融合成为行业龙头企业实现可持续发展的重要途径。产教融合，即产业和教育的深度合作，旨在通过将产业和教育资源有机结合，实现优势互补，推动科技创新和人才培养。这一合作模式不仅能够为企业提供更多的创新资源，还可以通过培养更符合实际需求的人才，为企业的长远发展提供有力支持。

产教融合的实践不仅仅停留在项目合作的层面，更是逐渐演变成了一种融入企业文化和教育理念的深层次合作。这种合作模式不仅包括科研与技术创新，还涉及人才培养、实践教育等多个方面，从而形成了一个全新的生态环境。企业和高校在这个生态环境中相互渗透、相互影响，形成了一种共生共赢的关系。

在初步构建产教融合生态环境的过程中，行业龙头企业与高校建立了实验室，设立了联合研究中心，并共同推动了一系列产学研项目。这些项目不仅为企业提供了更多的研发支持，也为学生提供了更多的实际工作经验。双方的合作不再是零散的、短期的项目，而是在组织结构和资源配置上实现了初步的整合。

然而，要使产教融合生态环境真正发挥作用，需要建立更为稳定和可持续的合作机制。在这一过程中，双方逐步完善了产教融合生态环境建设机制，包括建立更为长期稳定的合作关系、明确双方在合作中的权责、建立信息共享和技术转移的平台。通过逐步完善的机制，企业和高校能够更好地形成互利共赢的关系，推动产业的创新和升级。

在产教融合的过程中，高校逐渐调整了自身的教育模式，更加注重培养学生的实际操作能力和团队协作能力。传统的理论教学逐渐融入实际项目，使学生能够在真实的工作环境中锻炼自己的能力。这种培养模式更贴近新工科特色，可以使学生更好地适应未来的社会和工作需求。

通过产教融合生态环境的建设，行业龙头企业和高校在技术研发、人才培养、科研成果转化等方面取得了显著成果。一些重要的科研项目取得了突破性进展，一些优秀的学生成为企业的骨干力量。这种合作模式的成功经验也开始在其他领域得到推广。

然而，产教融合生态环境的建设也面临一些挑战。由于企业和高校之间管理体制的不同，以及利益分配等问题，双方在合作过程中可能会存在一些摩擦。这需要双方在合作中不断沟通解决问题，共同推动合作走向更为深入和成熟。

展望未来，产教融合生态环境的建设模式将在更多的领域得到推广。随着新工科特色的深入发展，这种合作模式将在更多产业中发挥关键作用。行业龙头企业和高校需要进一步加强沟通合作，共同应对未来的挑战。双方只有在紧密合作的基础上，才能够更好地推动科技创新，培养更具实践能力的人才，为社会的可持续发展作出更大的贡献。

总的来说，行业龙头企业融合新工科特色产教融合生态环境建设机制的形成，是一个积极的发展趋势。这种合作模式不仅推动了企业和高校的共同发展，也为社会培养了更具实践能力的人才。在这个充满活力的生态环境中，产业与教育相互促进，共同迎接未来的挑战。

5.1.2 产教供应链催生新工科特色产教融合课程集群发展阶段

产教融合在飞速发展的科技与产业环境中成为推动社会进步的重要动力之一。特别是在新工科特色理念的引领下，产业界与教育界之间的合作进入了一个全新的阶段。产教供应链作为推动这一合作的桥梁，催生了新工科特色的产教融合课程集群发展阶段。下文将深入探讨这一发展阶段的背景、特点，及其对于产业和教育的深远意义。

随着科技的不断创新和产业结构的调整，新工科特色逐渐崭露头角。这一理念强调培养学生的工程实践和创新能力，更加注重将理论知识与实际工作相结合。在这个背景下，产业界与教育界的合作越发紧密，产教融合成为一种创新的合作模式。而产教供应链的形成，则为这一模式注入了更为灵活和有机的元素。

在产教供应链催生的新工科特色产教融合课程集群发展阶段，我们首先需要了解产教融合的基本概念。产教融合是指产业和教育之间建立起更为紧密的联系，共同推动科技创新和人才培养。而在这一过程中，产教供应链的作用越发明显。

产教供应链不仅仅是一个单一的供应链模型，更是一种与产教融合理念相契合的复合型链条。在这个链条中，企业、高校、研究机构等各方在资源共享、信息交流、项目合作等方面形成了一个紧密相连的网络。这一网络不仅促进了产业界对于人才的需求，也为高校提供了更为实际和实用的教育资源。

产教供应链的崛起对于产教融合课程集群的发展具有深远的意义。

第一，产教供应链的形成使得产业界的需求更为直观地传递到高校。企业可以通过这一链条更加及时地向高校反馈所需人才的技能和素质，从而使教育更加贴合实际需求。这也使得产教融合课程能够更好地服务于产业的发展。

第二，产教供应链的灵活性使得合作更具有弹性。在这一链条中，各个环节之间形成了互动的关系，企业与高校之间的合作不再是单一的、短期的项目合作，而是建立在更为长期、深层次的合作基础之上。这使得产教融合课程集群得以在更广泛的领域内深入发展，不断满足不同领域的需求。

第三，课程集群的多样性是这一阶段的显著特点。不同的企业与高校合作，形成了各具特色的课程集群。这些集群不仅满足了不同行业的需求，也为学生提供了更为多元的选择。这使得新工科特色产教融合课程集群具有更广泛的适用性，可以更好地服务于学生的个性化需求。

第四，课程集群的开放性是这一阶段的显著特点。在产教供应链的框架下，各方之间的信息共享更为顺畅，这为产教融合课程的开放式发展提供了良好的基础。不同企业、高校之间可以共享资源，实现优势互补，形成更为开放、共享的产教融合课程体系。

第五，课程集群的持续更新是新工科特色产教融合的发展阶段的重要特点。由于科技和产业的不断变革，产教融合课程需要不断更新，以适应新的发展趋势。在产教供应链的支持下，课程集群可以更为灵活地进行更新和优化，这使得教育体系可以始终紧跟时代发展的步伐。

这一阶段的发展，不仅是对传统产教合作模式的改进，更是对新工科特色的深化实践。通过产教供应链的催生，新工科特色产教融合课程集群得以更为有机地融入产业与教育的发展之中。这一集群发展阶段的出现，给产业界和教育界带来了一系列积极的影响。

第一，对产业界而言，新工科特色产教融合课程集群发展阶段的形成使得企业更加容易获取到高素质的人才。课程集群更贴合实际需求，因此培养出的学生更具备实际操作能力和团队协作精神。这使得企业能够更好地满足市场的需求，更有竞争力。

第二，对高校而言，这一发展阶段为其提供了更为广阔的合作空间。高校可以根据产业界的需求，灵活开设相关课程，建立更加紧密的产教关系。这不仅提升了高校的实际教学水平，也促进了科研成果的转化和应用。

第三，对于学生而言，新工科特色产教融合课程集群发展阶段带来了更为多元的学习体验。学生可以根据个人兴趣和职业规划，选择适合自己发展方向的课程集群，更好地发挥个体优势。这种个性化的学习体验有助于培养学生的创新思维和实践能力。

第四，这一阶段的发展也为整个社会带来了更为丰富的人才资源。新工科特色产教融合课程集群发展阶段培养出的人才不仅具备专业知识，更具备跨学科的能力和全球视野。这样的人才对于社会的可持续发展、创新驱动发展有着重要的作用。

综上所述，产教供应链催生新工科特色产教融合课程集群发展阶段，标志着产业界与教育界合作的新高度。这一阶段通过产教供应链的有机衔接，使得产教融合课程集群更加贴近实际需求，更具有弹性和更新性。这种新工科特色的产教融合模式为培养更符合时代要求的人才奠定了坚实基础。在未来，随着新工科特色产教融合的不断发展，这一集群发展阶段将迎来更为广阔的空间，为产业升级和人才培养提供更多可能性。

5.1.3 行业龙头企业与高校互联资源建设阶段

行业龙头企业与高校之间的合作进入了一个新的发展阶段，即互联资源建设阶段。行业龙头企业作为各个领域的领军者，与高校之间的互联资源建设逐渐成为推动创新与发展的关键环节。这一合作模式不仅推动了科技创新，也为学生提供了更好的实践机会，进而影响了整个社会的发展。下文将深入探讨行业龙头企业与高校互联资源建设阶段的背景、特点，及其对产业和教育的深远意义。

在当前科技高速发展的时代，行业龙头企业与高校之间的合作关系越来越密切。这并非偶然，而是由于双方在合作中能够找到共同的利益点。行业龙头企业通常在技术创新、市场拓展等方面具有卓越实力，而高校则拥有丰富的学科资源和创新潜力。双方合作的共同需求推动它们走到了一起，从而形成了一种新的合作模式——互联资源建设。

行业龙头企业之所以被称为“龙头”，是因为它们在所属行业内拥有绝对的领先地位。这种领先地位不仅表现在技术水平上，更体现在市场份额、品牌影响力、创新能力等多个维度。这些企业常常成为引领产业发展方向的关键力量，对整个产业的发展有着深远的影响。

互联资源建设的动力源于双方的共同需求。对企业而言，高校是一个潜在的创新引擎。高校拥有丰富的科研资源、富有创新精神的研究人员，可以为企业带来前沿科技的创新思路和实验成果。同时，高校培养的学生是企业未来的潜在人才库。通过与高校建立联系，企业可以更好地了解并吸引优秀的毕业生。对高校而言，与行业龙头企业的合作也是一个提升学校实力和声誉的途径。通过与企业的紧密合作，高校可以更好地将科研成果转化为实际应用，推动科技创新走向市场。

互联资源建设的模式多种多样，具体的合作形式因企业和高校的需求而异。首先，产业共建研究中心是一种常见的合作模式。企业和高校共同出资设立研究中心，通过共同研究解决产业实际问题，推动产学研深度融合。其次，双方可以共同参与科研项目。企业提供项目需求和实际场景，高校负责科研攻关，实现理论和实践的结合。最后，产业导师制度也是一种常见的模式。企业专业人员担任学生的导师，实地指导学生完成相关项目，帮助学生更好地适应未来职业。

在企业与高校合作的成功案例中，谷歌与麻省理工学院（MIT）的合作是典型的互联资源建设的例子。谷歌与MIT合作设立了一个研究中心，致力于人工智能、机器学习等领域的深度研究。这个合作不仅能让MIT的研究人员熟悉更多的实际应用场景，也让谷歌在技术领域拥有了更多的前沿研究成果。

在德国，宝马与慕尼黑工业大学的合作是产业共建研究中心的范例。宝马与慕尼黑工业大学合作设立了联合实验室，致力于汽车工程、电动车技术等方面的研究。这个实验室为学生提供了更好的实践机会，也让宝马能够更直接地获取到前沿技术。

此外，微软与哈佛大学的合作也展示了双方共同参与科研项目的模式。微软与哈佛大学合作开设了一门名为“数据科学与人工智能”的课程。这门课程由微软的工程师和哈佛的教授联合授课，结合实际案例，为学生提供了丰富的学科体验。

互联资源建设的挑战也不可忽视。双方之间的管理体制和文化差异可能导致沟通障碍，需要双方投入更多精力进行磨合。知识产权的问题也是一个潜在的矛盾点，需要双方通过清晰的合作协议来解决。项目资金的分配、学术研究与商业利益的平衡等都是需要仔细考虑的问题。

互联资源建设不仅在当前阶段产生了积极的效果，更有着深远的影响。对于产业而言，这种互联资源的建设模式有助于提升企业的创新能力，推动产业技术的快速升级。对于高校而言，通过与产业的深度合作，高校的科研水平和实践能力都将得到提升，这有助于更好地培养适应未来社会需求的人才。

行业龙头企业与高校互联资源建设阶段是当前产业和教育合作模式的一个亮点。这种合作不仅促进了科技创新，也为学生提供了更好的实践机会。随着互联资源建设的不断深入，产业和教育之间的合作将迎来更为广阔的发展空间，为社会进步和产业升级带来更多可能性。

5.1.4 行业前沿生态网格化节点型新工科特色产业人才培养阶段

在当今迅猛发展的科技与产业格局中，新工科特色产业人才的培养已然成为高校与产业界共同关注的焦点。在这个背景下，行业前沿生态网格化节点型新工科特色产业人才培养阶段逐渐崭露头角。这一培养模式打破了传统人才培养的模式，将产业前沿与教育生态深度融合，旨在为产业和社会培养更为优秀的人才。下文将深入探讨这一新工科特色产业人才培养阶段的背景、特点，及其对产业和教育的深远影响。

新工科特色产业人才培养的迫切性源于科技与产业迅速发展的趋势。在过去的几十年里，科技的飞速进步不仅改变了人们的生活方式，也对产业结构和就业市场提出了更高的要求。新工科特色产业人才培养旨在培养具备专业知识、跨学科思维和创新能力的人才，以适应新时代的产业发展。

生态网格化节点型人才培养阶段是对传统培养方式的一种创新，它突破了传统人才培养的单一性，将个体全面素质的发展与产业前沿的发展相结合。这一模式的实施使得人才培养更贴近实际需求，更具前瞻性。

在这一培养阶段，跨学科融合是一大显著特点。传统的学科边界变得模糊，工科、理科、文科等学科之间的界限逐渐消失。培养的人才需要具备跨学科的知识背景，能够在多个领域中游刃有余地开展工作。

产学研深度结合是这一培养模式的另一特点，不仅强调理论知识的学习，更注重实际应用能力的培养。通过与产业深度结合，学生能够在真实的产业环境中进行实践，解决实际问题，促使科研成果更好地转化为实际生产力。

个性化学习路径是新工科特色产业人才培养阶段的一项创新。每个学生可以根据自己的兴趣和发展方向选择适合自己的课程和项目，而不再被强制按照统一的模式学习。这有助于激发学生的学习热情，培养更具有创造性和独立思考能力的人才。

实践导向是生态网格化节点型人才培养阶段的又一重要特点。实践导向强调学以致用，即通过实际项目的参与来获取经验。这种培养方式不仅提高了学生的实际操作能力，也培养了学生解决实际问题的能力。

全球视野是这一培养模式的又一亮点。学生将有机会参与国际性的项目合作，了解全球产业发展的趋势，拓展国际化视野。这样的人才更有可能在全球范围内找到发展机会，为国家和企业带来更多的创新力量。

这一培养模式对产业和教育都具有深远的意义。对产业而言，这种模式的实施将极大地提升产业的创新能力。培养出的人才具备跨学科的知识结构和实际应用能力，能够更好地应用行业的前沿技术，推动科技创新的不断涌现。人才将更具有灵活适应市场需求的能力，能够在复杂多变的市场环境中快速调整自己的学科结构和技能组合。

同时，这种培养模式有助于建立高效的产学合作机制。企业和高校在培养过程中形成紧密的联系，实现资源共享、信息交流，促进了产业界和教育界的深度合作。

对教育而言，这一培养模式使得学生具有终身学习能力。个性化学习路径的实施将培养出具备终身学习能力的人才。他们不仅具有专业知识，还能够自主选择和学习新的知识，不断适应科技和产业的快速发展。

这种模式有助于促进学术研究与实际应用的结合。教育机构将更加关注实际问题的解决，学术研究能够更迅速地转化为实际应用，推动科研成果更好地服务于产业发展。

最后，这一培养模式将提高学生的综合素质。跨学科融合和个性化学习路径的实施将提高学生的综合素质。除了专业知识外，学生还将具备创新思维、团队协作、跨文化交流等多方面的能力，可以更好地适应未来社会的发展。

行业前沿生态网格化节点型新工科特色产业人才培养阶段的实施，标志着产业和教育合作迈向了一个新的高度。这种人才培养模式将产业需求与教育体系更为紧密地结合起来，可以为社会培养出更适应未来发展需求的高素质人才。这不仅有助于提升产业创新力和竞争力，也将推动教育体系更好地服务社会发展，实现产教的深度融合。

5.2 行业前沿新工科特色产教融合人才培养标准化建设

5.2.1 行业龙头企业融合新工科特色产教融合生态环境标准化体系

在当今科技飞速发展的时代，产业和教育的融合日益成为推动社会进步的关键力量。特别是新工科特色产业人才的培养，作为促进产业升级和科技创新的关键环节，更是引起了行业和高校的高度关注。在这一背景下，行业龙头企业逐渐认识到与高校进行融合是培养新工科特色产业人才的有效途径，而建立标准化的生态环境体系成为这一融合过程中的重要举措。下文将深入探讨行业龙头企业融合新工科特色产教融合生态环境标准化体系的背景、特点，及其对于产业和教育的深远影响。

新工科特色产业人才培养的背后，是社会对于素质更加全面、适应性更强的人才的需求。在这一背景下，高校与行业的合作变得尤为重要。而行业龙头企业，因其在产业中的引领地位，自然而然地成了产教融合的关键角色。为了使这一合作更为顺畅、高效，建立融合的生态环境标准化体系显得尤为重要。

新工科特色产业人才培养需要使高校和行业建立更加紧密的联系，以更好地适应未来产业发展的需要。这一联系的核心即是融合，而融合的关键在于建立一套科学、标准、可持续的生态环境。以下是这一生态环境标准化体系的显著特点。

1. 产业导向与实践导向相结合

新工科特色产业人才培养需要紧密结合实际产业需求，使学生在学习的过程中获得更多实践经验。生态环境标准化体系应当确保实际产业需求和实践经验充分融入教学体系中，使学生在校期间能够对产业有深入的了解和实际操作经验。

2. 标准化的课程设置与评价体系

生态环境标准化体系需要包含标准化的课程设置和评价体系。对课程的标准化设置可以确保学生获得一定领域内的基础知识。评价体系能够客观、全面地评估学生的学业水平和实际能力，为企业选拔合适的人才提供有力支持。

3. 跨学科融合与综合素质培养

新工科特色产业人才需要具备跨学科的知识结构，生态环境标准化体系应当促进不同学科之间的融合。此外，生态环境标准化体系也应强调对综合素质的培养，包括创新思维、团队协作、沟通能力等，使学生能够适应复杂多变的产业环境。

4. 产教深度合作机制的标准化

生态环境标准化体系应当规范产教深度合作的机制，包括合作协议的标准化、信息交流的标准化、资源共享的标准化等，以确保产教合作的高效进行。

5. 学生实习与企业项目的整合

生态环境标准化体系需要将学生实习与企业项目有机整合，通过标准化的实习计划和项目流程，使学生在实践中能够更好地理解和应用所学知识，为将来进入产业做好充分准备。

6. 全球视野的拓展

在生态环境标准化体系中，企业应当考虑全球视野的拓展，包括与国际企业的合作、国际交流项目的标准化等，使学生能够更好地适应全球产业的发展趋势，培养其成为具备国际竞争力的人才。

行业龙头企业融合新工科特色产教融合生态环境标准化体系的实施，标志着产业和教育合作迈向了一个新的高度。这种人才培养模式将产业需求与教育体系紧密地结合起来，可以为社会培养出更适应未来发展需求的高素质人才。这不仅有助于提升产业创新力和竞争力，也将推动教育体系更好地服务社会发展，实现产教深度融合。

5.2.2 行业龙头企业与高校互联资源标准化建设

在当今日新月异的科技和产业环境中，高校与行业之间的合作已经成为推动创新和人才培养的关键。在这一合作中，行业龙头企业与高校互联资源标准化建设逐渐凸显其重要性。通过建立标准化的资源互联体系，行业和高校能够更加高效地分享信息、共享资源，实现优势互补，从而促进创新、推动科技发展。

高校是知识的传承者，而行业龙头企业则是产业的引领者和创新者。两者之间的合作，本质上是知识和产业的有机结合。在过去，这种合作可能更多依赖于个别的项目或人际关系，但随着科技和产业的快速发展，互联资源的标准化建设成为提高合作效率和深化合作层次的迫切需求。

随着全球化和信息化的推进，行业与高校之间的合作已经从单一的人才培养逐渐拓展到科研、产业创新等多个层面。高校拥有学科资源、研究力量和创新氛围，而行业龙头企业则拥有实际应用的场景、技术需求和市场反馈。两者共同参与资源标准化建设，使得双方能够更加紧密地协同，形成强大的合作网络。

行业龙头企业与高校互联资源标准化建设具有以下特点。

（1）信息共享的标准化。资源互联的第一步是信息共享的标准化。高校和企业通常拥有大量的信息资产，包括研究成果、市场需求、人才培养计划等。通过建立标准的信息交流渠道和数据格式，双方能够更迅速、准确地分享信息，降低信息传递的成本。

（2）研究合作的标准化。高校的科研力量和企业的实际需求是天然的合作伙伴。标准化的研究合作机制能够使双方更加高效地进行科研项目的策划、实施和成果转化。这不仅促进了科研的创新，也使得科研成果更好地服务于产业发展。

（3）人才培养的标准化。高校是培养人才的主要场所，而企业是人才的主要用工方。标准的人才培养计划和实习机制可以使学生更好地融入实际工作环境，培养出更符合产业需求的优秀人才。

（4）技术转移的标准化。高校的科研成果需要在实际产业中得到应用，而企业需要及时获取最新的技术成果。标准的技术转移机制能够使科研成果更迅速、广泛地渗透到产业中，推动技术创新。

（5）资源整合的标准化。资源整合包括实验室设备、研究团队、企业实际应用场景等方面。标准化资源整合可以使得双方更好地共享设备、团队和场景，提高资源的利用效率，实现优势互补。

行业龙头企业与高校互联资源标准化建设对产业的深远影响如下。

（1）促进产业创新。通过资源标准化建设，行业龙头企业和高校能够更加深入地合作，推动产学研深度融合。这种深度融合有助于产生更多的创新思想和科技成果，从而促进整个产业的创新。

（2）提高产业竞争力。资源标准化建设使得产业可以更加高效地获取先进技术、科研成果和人才。这将有助于提高产业的整体竞争力，使企业更加具有抗风险和持续创新的能力。

（3）推动产业升级。高校与企业的互联资源标准化建设有助于促使产业更好地了解未来技术发展趋势，及时调整产业结构，推动产业升级。这种升级将使整个产业更适应市场需求，更具有可持续发展的潜力。

（4）加速技术应用。通过标准化的技术转移机制，高校的科研成果能够更快速地转化为实际应用。这将加速技术在产业中的应用，推动企业更快地实现技术突破和市场拓展。

行业龙头企业与高校互联资源标准化建设对教育的深远影响如下。

（1）提高教育质量。资源标准化建设将促使高校更加关注产业需求，调整教育内容和方式。这将提高教育的质量，使学生更好地适应实际工作需求。

（2）促进教学改革。资源标准化体系将促进教学改革。教育机构将更加注重培养学生的实际应用能力，推动课程内容和教学方法的创新，更好地服务于产业和社会。

（3）拓宽学生视野。通过标准化的实习和交流机制，学生将更容易接触到产业实际运作，拓宽自己的视野。这有助于提高学生的实际工作能力和职业发展水平。

（4）加强产学合作。资源标准化建设将促使高校更加主动地与产业合作。这种合作不仅仅体现在科研项目上，还包括实习、创业等多个方面。这将使高校更好地为学生提供实际发展的机会，加强产学研一体化发展。

行业龙头企业与高校互联资源标准化建设是推动产业和教育合作的一项重要举措。通过建立标准的资源互联体系，行业和高校能够更加高效地协同合作，形成强大的合作网络，促进创新和科技发展。这一标准化建设既有助于提升产业的创新力和竞争力，也将推动教育体系更好地服务社会发展，实现产业和教育的深度融合。希望未来这一标准化体系能够在产业界和教育界的共同努力下不断完善，为实现产业与教育共赢的局面作出更大的贡献。

5.2.3 新工科特色产教融合课程体系标准化建设

在当今社会，新工科特色产教融合课程体系标准化建设已成为高等教育领域中一项备受关注的重要议题。这一议题涵盖了诸多方面，包括产业需求与教育内容的契合、实践教学与理论体系的结合等多个层面。随着科技的飞速发展和产业结构的不断调整，传统的高等教育体系也面临着新的挑战。新工科特色产教融合课程体系标准化建设作为一种应对之策，正在引起广泛关注。

当前，社会生产力的不断提升促进了产业结构的升级和变革。高校作为培养人才的摇篮，其使命在于满足社会对于高素质人才的需求。而新工科特色产教融合课程体系标准化建设正是源于这一社会背景。随着社会经济的发展，社会对人才的需求也在不断发生变化。传统的专业培养体系已经难以适应当今复杂多变的社会需求，因此新工科特色产教融合课程体系标准化建设应运而生，以更好地满足人才培养的需求。

新工科特色产教融合课程体系标准化建设使得产业和教育能够更紧密地结合在一起。通过与产业的深度合作，高校能够更好地了解行业需求，调整课程设置，提高毕业生的就业竞争力。标准化建设将实践教学与理论体系有机地结合起来，使学生在课堂中不仅能够获得理论知识，还能够通过实际操作提升实践能力。这有助于培养学生面对实际问题时的解决能力和创新能力。通过标准化建设，高校能够更加科学地设计和组织课程，提升教育质量。合理的课程设置和先进的教学方法将有助于培养更加优秀的人才，为社会和产业的发展提供更多的支持。

在新工科特色产教融合课程体系标准化建设的过程中，许多高校开始创新课程设置，引入更符合产业需求的课程内容。这种创新不仅包括专业课程，还涉及通识教育，使学生在多方面都能够得到全面的培养。标准化建设推动了实践教学的深入开展。通过与企业合作，高校开展更加贴近实际的实践项目，使学生在实践中能够更好地掌握所学知识，提高解决实际问题的能力。为了更好地进行产教融合，高校纷纷整合教学资源。这不仅包括校内资源的整合，还包括与企业、科研机构等外部资源的合作。通过整合资源，高校能够更好地开展产教融合课程。

未来，产业与高校的合作将更加紧密。高校将深入了解产业需求，与企业共同制定课程标准，确保教育内容与产业需求更好地契合。新工科特色产教融合课程体系标准化建设将进一步推动创新型人才培养模式的探索。高校将通过灵活的课程设置和多元的教学手段，培养更具创新精神的人才。随着信息技术的不断发展，教育信息化将深度融入新工科特色产教融合课程体系标准化建设中。高校将借助先进的技术手段，实现教育资源的数字化、网络化，提高教学效果。

新工科特色产教融合课程体系标准化建设是高等教育领域中一项重要的改革举措。通过深度合作、实践教学和课程创新，高校能够更好地满足社会和产业的需求，培养更加优秀的人才。在未来，这一建设将继续深入推进，不断探索适应时代发展的新路径，为高校教育的可持续发展注入新的活力。

5.2.4 行业前沿新工科特色产教融合人才培养质量标准化建设

随着科技的飞速发展和产业结构的不断演变，新工科特色产教融合人才培养质量标准化建设成为当前高等教育体系中的一项关键任务。这一建设旨在通过明确培养目标、优化课程体系、深化产业合作等措施，为培养高质量、适应行业前沿的新工科人才奠定坚实的基础。

随着经济的全球化和科技的飞速发展，新工科特色产教融合人才培养质量标准化建设已经成为高等教育领域中备受瞩目的重要议题。这一建设旨在通过明确培养目标、优化课程体系、深化产业合作等手段，提升人才培养的质量和效果，使毕业生更好地适应行业前沿的需求。

科技的快速发展不仅推动了产业的升级，也对人才提出了更高的要求。行业前沿的新工科特色产教融合人才培养质量标准化建设应运而生，以适应未来社会对于高素质人才的迫切需求。全球经济一体化使得各行各业更加依赖高素质的专业人才。因此，新工科特色产教融合人才培养质量标准化建设成为推动高等教育适应国际发展趋势的重要力量。

标准化建设有助于明确人才培养的目标和方向，使教育更加针对行业前沿的需求。通过与产业深度合作，高校能够更好地了解行业的发展趋势，调整课程内容，提高人才培养的针对性。标准化建设将实践教学与理论学习相结合，注重培养学生的实践能力。通过参与产业项目、实习和实训，学生能够更好地掌握专业知识，提高解决实际问题的能力。行业前沿新工科特色产教融合人才培养质量标准化建设推动了产业与高校的深度合作，这不仅有助于高校更好地了解产业需求，还为产业提供了更多的创新动力。

标准化建设促使高校优化课程体系，更好地适应行业前沿的需求。新工科特色的课程设置涉及前沿科技、工程实践、创新创业等多个方面，旨在让学生全面发展。标准化建设推动了实践教学的深入推进。高校与企业的合作项目逐渐增多，学生通过实际项目参与，提高了实践能力，增强了与产业的融合度。在标准化建设的推动下，高校开始创新人才培养模式。例如，通过产学研结合、跨学科的教学安排等方式，使学生更好地适应行业发展的多样性。

未来，高校将进一步深化与行业的合作，建立更加紧密的联盟，与行业共同制定标准，确保培养的人才更好地适应行业前沿的发展。随着科技的不断进步，实践教学将更加注重创新。高校将引入先进的技术手段，如虚拟现实、人工智能等，提升实践教学的质量和效果。行业前沿新工科特色产教融合人才培养质量标准化建设将不断推动人才培养模式的创新。高校将在跨学科、跨领域的基础上，更灵活地组织课程，培养更具创新力和实践能力的人才。

行业前沿新工科特色产教融合人才培养质量标准化建设是高等教育领域中一项重要的改革措施。通过与产业深度合作、优化课程设置、加强实践教学等手段，高校能够更好地适应行业前沿的需求，培养更加符合社会发展需要的高素质人才。未来，这一建设将不断深化，为高校人才培养工作提供可持续的发展支持，促进产教融合的深入推进。

5.3 行业龙头企业与新工科特色产教融合差异化配置与管理

5.3.1 特色产教融合生态环境均等化测度分析

在当今高等教育领域，特色产教融合已成为推动产业与教育深度合作、培养更具竞争力人才的关键举措。然而，在这一过程中，生态环境的均等化问题引起了广泛关注。下文将深入探讨特色产教融合生态环境均等化的测度分析，通过对不同地区、不同高校的情况进行比较研究，旨在为解决当前生态环境不均等问题提供有益的参考和建议。

特色产教融合作为高等教育领域的一项重要举措，旨在加强学校与产业之间的联系，推动人才培养更好地适应社会需求。然而，在这一过程中，不同地区和高校之间的生态环境存在均等化的问题，这不仅影响了产教融合的深度发展，也对人才培养的质量提出了挑战。因此，特色产教融合生态环境的均等化测度分析显得尤为重要。

特色产教融合是高校与产业界之间建立紧密的合作关系，共同参与人才培养、科研创新等活动的一种模式。产教融合的核心在于将学术和实践相结合，为学生提供更实际、更贴近产业需求的培养环境。生态环境包括了教学、科研、创新、产业等多个方面，是特色产教融合中不可或缺的一部分。良好的生态环境可以促进产教合作的深入，提高人才培养的质量，而不均等的生态环境则可能导致一些地区或学校在产教融合过程中受到制约。

人才培养资源包括师资力量、实践基地、实验室设施等。通过比较不同地区、不同高校的人才培养资源投入，可以初步测定其生态环境的均等化程度。产业合作是特色产教融合的核心，也是生态环境的重要组成部分。合作密度的高低直接关系到高校与产业的互动程度。通过对合作项目数量、深度、广度等方面的测量，可以了解不同地区、不同高校的合作生态环境是否均等。创新创业是特色产教融合中的重要环节，对于人才培养和科研发展至关重要。

通过对不同地区、不同高校的人才培养资源投入进行比较，可以发现一些地区或高校在师资、实践基地等方面的投入相对较低，导致人才培养环境的不均等。不同地区和高校的合作密度存在较大差异，一些地区由于产业发展水平、政策支持等原因，与产业的合作较为紧密，而另一些地区与产业的合作则相对较少。这种差异直接影响了特色产教融合的深度与广度。在创新创业方面，一些地区的高校拥有较多的创业孵化器、科技园区等平台，而另一些地区相对较少。这种差异导致了创新创业环境的不均等，一些学生可能面临较大的创业难度。

政策引导可以鼓励各地区高校更加积极地参与特色产教融合，提高资源投入，创造更好的人才培养环境。同时，政策也可以针对不同地区的特色与优势，量身定制，促进均等化发展。应鼓励高校跨区域合作，共享资源、共建实践基地，通过合作共赢的方式实现生态环境的均等化。这有助于整合各方优势资源，提高教育的整体水平。加强对师资力量的培训与引导，可以提高其在特色产教融合中的参与度与水平。培训机制可以促进教师更好地适应融合教育的要求，提高生态环境的均等化水平。

特色产教融合是高等教育领域的一项重要改革，然而，不同地区、不同高校之间的生态环境不均等问题制约了其全面发展。通过生态环境均等化的测度分析，我们发现了存在的差异，并提出了优化路径。政策引导、跨区域合作、师资培训等手段可以促使特色产教融合在不同地区、不同高校打造更均等的生态环境，为人才培养提供更好的支持。

5.3.2 产业系统与教育系统差异性分析

在当今社会，产业与教育作为两个相互关联、相互影响的系统，其发展与演进受到了广泛关注。产业系统和教育系统在本质、目标、运行机制等方面存在差异，理解和分析这些差异对于更好地促进两者之间的有效融合至关重要。下文将深入探讨产业系统与教育系统的差异性，并分析这些差异可能对产教融合、人才培养和社会经济发展等方面产生的影响。

产业系统是指一系列相互关联的产业活动和经济组织，这些活动和组织形成了一个相对独立而有机的整体。产业系统的本质在于推动经济发展，实现资源的有效配置和价值的创造，其特征包括分工协作、创新驱动、市场导向等。教育系统是指由学校、教育机构、师生等组成的一系列教育活动的有机整体，其本质在于培养人才、传承文化、促进社会进步。教育系统的特征包括知识传递、人才培养、社会化功能等。

产业系统与教育系统的差异性如下。

（1）目标导向的不同。产业系统的主要目标是实现经济效益，通过生产和服务活动创造价值，推动社会的发展和进步。在产业系统中，效益和市场导向是核心驱动因素。相比之下，教育系统的主要目标是培养人才，传授知识和技能，培养学生的创新思维和综合素质。这种目标导向的不同使得产业和教育系统在运行时的侧重点不同。产业系统更注重效益和市场需求的满足，而教育系统更注重学生的全面发展和社会价值。

（2）运行机制的异同。产业系统的运行机制主要包括生产、供应链、市场竞争等环节。生产者通过不断创新和提高效率来满足市场需求，形成产业链。在市场竞争中，高效的企业能够获得更多的资源和市场份额。

相比之下，教育系统的运行机制更侧重于知识传递和人才培养。教育机构通过课程设置、师资培训等手段提供学生所需的知识和技能。学生通过学习获取知识，发展才能。

（3）反馈机制的异同。在产业系统中，反馈机制主要通过市场机制来实现。产品和服务的质量、价格等因素直接受到市场需求和竞争的影响。企业通过市场的反馈来调整自身的运营策略，以适应市场的变化。而在教育系统中，反馈机制更多地表现为学生的学业成绩、就业状况等。学校通过学生的学术表现和毕业后的就业情况来评估教育的效果。这种反馈机制相对滞后，不如市场反应迅速。

由于产业系统与教育系统在目标导向、运行机制等方面存在差异，因此将它们有效融合则成为一项挑战。如何在产业需求的变化中及时调整教育内容、培养符合市场需求的人才，是产教融合面临的重要问题。产业系统更注重专业技能和实际操作能力，而教育系统更注重学科知识和综合素质的培养。因此，如何在人才培养中实现专业性与全面性的平衡，是当前教育体系面临的重要问题。随着产业技术的快速发展，教育系统需要不断创新，更新课程内容，提高师资水平，以适应产业的需要。这对教育机构的管理和运营提出了更高的要求。

产业系统与教育系统的差异性决定了它们在目标导向、运行机制、反馈机制等方面存在差异。理解这些差异对于推动产业和教育的融合，促进人才培养，实现经济可持续发展至关重要。在实践中，相关人员需要不断探索和创新，寻找产教融合的最佳模式，使两个系统能够更好地协同发展，共同推动社会进步。

5.3.3 产教差异化融合策略

随着社会的不断发展，产业与教育两个系统间的融合逐渐成为高等教育领域中的重要议题。在这个进程中，产业系统和教育系统在目标导向、运行机制、反馈机制等方面存在着本质的差异。为了实现更有效的融合，必须制定差异化的策略，使两者在合作中互相促进、共同发展。

在探讨差异化融合策略之前，有必要对产业系统和教育系统的差异性进行深入的分析。这有助于更好地理解问题的本质，为制定合理的策略提供基础。

为了克服产业与教育的差异、推动两者的有机融合，下面是一些差异化融合的关键策略，以确保双方能够在合作中取得最佳的互补效果。

（1）制定灵活的合作模式。产教合作的模式应该具有一定的灵活性，以适应不同产业和教育需求的变化。传统的产教合作可能以实习为主，但不同的产业对于人才的需求可能存在很大的差异。因此，制定灵活的合作模式，包括但不限于实习、项目合作、联合研究等，是至关重要的。这样的模式既能够满足学生的实践需求，又能够使产业方更好地参与到教育过程中，共同塑造人才。

（2）强化跨界人才培养。差异化融合的一个重要方面是强化跨界人才培养，这意味着要培养既擅长专业技能又具备深厚学科知识的人才。通过为学生提供更多跨学科、跨行业的学习机会，高校可以培养出更具综合素质的人才。此外，学校还应该与产业界共同规划课程，将最新的产业知识融入教学中，使学生在校期间能够更好地与产业接轨。

（3）建立有效的信息共享机制。在产教合作中，信息的共享对于双方的顺利合作至关重要。建立信息平台，实现产业需求和学科研究的及时沟通，是实现差异化融合的基础。学校需要及时了解产业发展趋势、技术需求，而产业方也需要了解学生的学科知识和实际操作能力。二者建立有效的信息共享机制，可以加强沟通，提高合作的效率。

（4）加强教育过程的实践性。为了更好地适应产业的需求，教育过程应该更加强调实践性。学生通过实习、实训、项目开发等方式，能够在真实的产业环境中应用所学知识，提高实际操作能力。学校可以与企业建立实训基地，为学生提供更多的实践机会，使学生在学校时就能够深入了解产业的运作方式。

（5）定期评估和调整合作计划。产教合作是一个动态的过程，学校与企业需要定期评估合作计划的实施效果。通过定期的评估，学校与企业可以发现问题，及时调整产教合作的方向和策略。这有助于学校与企业保持合作的紧密性，确保合作计划能够持续有效地推进。

为了更好地说明产教差异化融合策略的实施效果，下面简要分析一些成功的案例。

（1）微软与高校合作。微软公司与多个高校建立了广泛的合作关系，通过设立实验室、提供技术支持、联合研究等方式，实现了产业和教育的深度融合。这一举措使得学生得以接触最新的产业技术，学到更实用的知识，同时为微软提供了更多的人才资源。

（2）汽车制造业与工程类专业的融合。许多高校与汽车公司合作，通过实验室、实习基地等形式，使学生深入了解汽车制造的流程，提前接触产业实践，从而培养了大量优秀的汽车工程师。

这些案例表明，通过制定灵活的合作模式，强化跨界人才培养，建立信息共享机制，加强实践性教育，定期评估和调整合作计划等策略，产业和教育的差异化融合是可行的，并且能够取得显著的成果。

产教差异化融合作为推动高等教育与产业深度合作的策略，面临着产业与教育两个系统之间的差异。为了实现良性互动、共同促进社会进步，必须制定差异化的融合策略。通过制定灵活的合作模式、强化跨界人才培养、建立信息共享机制、加强实践性教育、定期评估和调整合作计划等策略，学校与企业可以更好地实现产业和教育的差异化融合，从而为培养符合产业需求的高素质人才提供有力支持。在未来的实践中，产业和教育双方需要共同努力，不断总结经验，不断优化合作模式，以实现真正意义上的产教融合，共同推动社会的可持续发展。

5.3.4 产教融合差异化配置管理

随着社会经济的不断发展，产教融合已经成为推动经济升级和人才培养的关键路径之一。产教融合的核心理念是通过整合产业和教育资源，促进双方的有机结合，实现经济和人才培养的协同发展。在这一背景下，差异化配置管理作为一种有效的管理模式，在促进产教融合的过程中发挥着重要作用。

产教融合的核心在于通过学校和企业的紧密联系，促进实践与理论的结合，实现人才培养和产业需求的有效匹配。在产教融合中，理论基础主要包括以下几个方面。

（1）产教融合的概念。产教融合是指产业和教育系统建立密切联系，通过合作共赢的方式推动双方的发展。在这一模式下，企业为学校提供实践基地和真实问题，学校则通过课程设置和人才培养，满足企业的需求。产教融合不仅强调知识与实践的结合，更注重人才培养的实际效果。

（2）产教融合的实践模式。产教融合的实践模式多种多样，包括校企合作、产学研结合、实习实训等。不同行业和地区在实践中采用不同的模式，以满足特定领域的需求。这些实践模式旨在通过紧密合作，使产业和教育资源更好地融为一体。

差异化配置管理是一种在资源有限的情况下，根据不同需求和优先级进行灵活配置的管理模式。在产教融合中，差异化配置管理是指根据产业和教育的不同特点，采取差异化的管理策略，以实现资源的最优利用。差异化配置管理的基本理论包括以下两个方面。

（1）差异化配置管理的概念。差异化配置管理是指根据资源的差异性和优先级，合理调配和利用资源，以满足不同领域和环节的需求。在产教融合中，差异化配置管理可以应用于人才培养、课程设置、实践基地的选择等方面，以适应不同产业的发展需求。

（2）差异化配置管理的方法与手段。差异化配置管理的方法包括资源评估、需求分析、配置策略等。通过科学的方法和灵活的手段，差异化配置管理可以实现资源的高效配置。这些方法与手段为差异化配置管理提供了实际操作的指导。

产教融合差异化配置管理的策略主要包括人才培养策略和资源整合策略。这些策略旨在通过灵活的管理手段，更好地满足产业和教育的差异化需求。

（1）人才培养策略。在产教融合中，人才培养是一个关键环节。差异化的人才培养策略可以更好地满足不同产业的需求。通过与企业紧密合作，高校可以调整人才培养计划，使学生更好地适应市场需求。

（2）资源整合策略。产教融合需要充分整合产业资源和教育资源。制定资源整合策略，可以实现资源的优化配置，推动产教融合的深度发展。

在实践中，产教融合差异化配置管理也面临着一系列问题。解决这些问题是促进产教融合健康发展的关键。在产教融合过程中，可能出现人才培养与实际需求不匹配的情况。这可能源于高校对市场需求的不准确预测，也可能是由于教育体制的滞后。若要解决这一问题，则要加强对市场的敏感性，灵活调整人才培养计划。资源配置的不均衡可能导致一些产业得到过多的关注，而其他产业却相对被忽略。若要解决这一问题，则要建立更加公平的资源分配机制，同时加强对各产业的深入了解，确保资源能够更合理地配置。

在未来，产教融合差异化配置管理将面临更多的机遇和挑战。为了更好地推动其健康发展，有必要提出一些建议和展望未来的发展趋势。展望未来，产教融合将更加深入，覆盖更多的行业和领域。随着科技的不断进步，数字化、智能化将成为产教融合的发展趋势之一。差异化配置管理在未来将更加注重创新。随着信息技术的发展，大数据、人工智能等技术的应用将为差异化配置管理提供更多可能性。此外，跨界合作和综合性解决方案的应用也将成为未来发展的创新点。

5.4 行业龙头企业推动新工科特色产教融合生态环境构建

5.4.1 行业龙头企业引领体系建设

在当今竞争激烈、快速发展的商业环境中，行业龙头企业的引领作用越发凸显。这些企业通过创新、战略规划，能够对整个行业产生深远的影响，进而引领整个体系的建设。

行业龙头企业相对于其他竞争对手而言，在市场份额、技术创新、品牌影响力等方面具有显著优势。这类企业不仅在经济层面占据主导地位，更在引领行业发展方向、规范行业行为等方面发挥着核心作用。行业龙头企业通常拥有较高的市场份额，拥有领先的技术和创新能力，建立了强大的品牌形象，同时在行业内拥有广泛的合作伙伴。这些特征使得它们能够更好地引领行业发展，推动整个产业链的优化和提升。

龙头企业理论认为，在一个产业体系中，少数企业能够通过自身在技术、管理和市场等方面的优势，对整个产业产生深远的影响。这一理论为行业龙头企业引领体系建设提供了理论基础。创新是行业龙头企业引领体系建设的关键驱动力之一。通过不断进行技术创新、管理创新和商业模式创新，龙头企业能够在竞争中保持领先地位，引导整个产业向前发展。

技术创新是行业龙头企业引领体系建设的核心策略之一。通过持续进行研发、引领行业技术水平，行业龙头企业不仅可以提升自身的竞争力，也可以推动整个产业的创新发展。行业龙头企业通常拥有强大的品牌影响力，通过建设和维护品牌形象，能够在市场中脱颖而出。良好的品牌形象不仅有助于企业的市场拓展，更为整个产业树立了标杆。建立广泛而深入的合作伙伴关系是行业龙头企业引领体系建设的关键。行业龙头企业与供应商、渠道商、研发机构等多方建立紧密的协作关系，能够推动整个产业链的协同发展。行业龙头企业需要具备一支高素质、高水平的团队，使企业在战略规划和执行层面都能够保持领先地位，从而引领整个体系的发展。

随着全球化的推进，行业龙头企业正面临来自全球范围内竞争对手的挑战。因此，行业龙头企业需要加强国际化战略，提高全球供应链的整体效益。技术的快速发展带来了不确定性，行业龙头企业需要不断调整技术创新策略，保持对新技术的敏感性，并在变革中保持领先地位。行业龙头企业引领体系建设需要不断进行管理体系的变革。行业龙头企业需要建立灵活的管理机制，使自身能够更好地适应外部环境的变化。

未来，数字化将成为行业龙头企业引领体系建设的重要推动力。通过大数据分析、人工智能等技术手段，行业龙头企业能够更好地了解市场需求、提升生产效率，并实现全面升级。随着社会对可持续发展的关注不断增加，行业龙头企业需要更加注重环保、社会责任等方面。未来，可持续发展将成为企业引领体系建设的新方向。

行业龙头企业引领体系建设是推动产业链升级和整个产业发展的关键环节。通过理论基础的构建、实践策略的制定和未来发展趋势的展望，行业龙头企业可以更好地理解行业龙头企业引领体系建设的重要性，并制定相应的战略举措。在不断面对挑战的过程中，行业龙头企业需要灵活调整策略，加强内外部协同，始终保持在行业的领先地位，引领整个体系的持续发展。

5.4.2 产教融合资源环境均等化建设

产教融合是推动社会发展的重要动力之一，而均等化资源环境是保障产教融合效能提升的关键要素。产教融合是产业和教育系统之间紧密合作的一种模式，其核心目标是实现产业需求和教育培养的高效对接。通过将企业需求融入教育体系中，产教融合旨在培养更符合市场需求的人才，促进经济和教育的双赢发展。资源环境均等化是指在产教融合中，各类资源（包括财力、人才、信息等）在不同参与主体之间分配和利用的公平程度。资源的均等化可以有效促进各方的参与，推动产教融合更好地服务于产业发展和人才培养。

在一些地区或行业，由于各种原因，人才培养的重心可能不够均衡。有的地方可能更注重对某一特定行业的培养，而忽视其他行业，导致人才的结构不够多元化。不同地区或学校在产教融合中能够获得的财政支持存在一定差异。信息在产教融合中是至关重要的资源，但由于信息不对称，有的企业可能无法获得学校的相关信息，或者学校无法准确了解企业的需求，从而影响融合效能。

政府在制定产教融合政策时，应重点关注资源环境的均等化，可以通过资金支持政策、人才培养计划等方面的政策法规，确保各地区、学校和企业在产教融合中能够获得较为公平的资源支持。建设统一的信息平台，使学校和企业能够更加便捷地共享信息。这有助于打破信息不对称的问题，提高融合参与主体之间的信息流通效率，促进资源的更均等分配。政府应促进不同地区、不同行业的产教融合跨区域合作，通过资源的互通互补，实现均等化。政府可以通过建立跨区域的合作联盟、共享资源平台等方式，推动资源的更有效利用。对于基础薄弱的地区，政府和相关机构可以采取更有力的政策支持，包括增加财政投入、提供更多的培训资源等，以弥补其在产教融合中的劣势，确保其能够更好地参与到产教融合过程中。

未来，产教融合将更加强调创新驱动。在均等化资源环境的基础上，引入更多创新元素，推动融合效能的提升，可以使产教融合更具活力和竞争力。数字化转型将成为促进资源均等化的重要手段。通过大数据、人工智能等技术的应用，产教融合可以更精准地分析资源的分配情况，实现资源的合理配置。产教融合将更多地面向国际，加强与国际企业和学校的合作。这不仅能够促进资源的国际流动，也有助于吸引更多国际化的人才和项目，提升整体效能。

产教融合资源环境均等化效能提升是当前推动产业和教育共同发展的重要课题。在未来的实践中，各方应共同努力，通过合作、创新和数字化转型等手段，推动资源环境均等化，促进产教融合效能的提升。

产教融合是新工科教育的核心理念之一，旨在通过学校与企业的深度合作，将实际产业需求融入新工科教育中，培养更符合市场需求的高素质人才。然而，要实现产教融合的全面均等化，尤其是在新工科领域，需要明确路径和策略。

新工科教育强调跨学科、实践导向、创新创业等特色，旨在培养具有广泛知识基础、创新能力和实际工程应用能力的工科人才。产教融合作为新工科的核心，将产业需求融入教育，可以使学生更好地适应快速变化的工业环境。产教融合均等化理念强调资源的公平分配和各参与主体的平等地位。在新工科特色产教融合中，均等化可以保障每所学校、每个学生都能够享受到产教融合带来的机会与资源，推动全体人才更好地服务社会与产业。

不同学校在师资力量、实验设施、实践基地等方面存在差异，这使得一些学校更容易吸引产业合作，而另一些学校可能因条件相对薄弱而面临较大困难。学生个体差异也是一个影响均等化的因素。一些学生可能天生具备创新能力，更容易受益于产教融合，而另一些学生可能需要额外的帮助与支持。不同学校能够与企业建立的合作关系存在差异，有些学校可能能够获得更多的支持与资源，而其他学校可能面临合作机会不足的问题。

为解决上述问题，应建立多层次的合作网络，包括跨校合作、产学研合作等，通过不同层次的协同，推动资源的均等分配。创建公共平台，如共享实验室、共建实践基地等，使学校在融合过程中能够更平等地获得各类资源。建立奖励机制，对那些在产教融合中作出重要贡献的学校、企业、个人进行奖励。通过奖励激励，推动更多主体积极参与融合活动。吸引社会力量参与产教融合，通过社会捐赠、行业协会支持等方式，为均等化提供外部支持，缓解学校与企业资源不均衡的问题。

建立均等化指标体系，对学校、企业、学生等各方面进行量化评估，找出不均衡之处，有针对性地进行改善。为相对薄弱的学校与学生提供专业的培训计划，提升其在产教融合中的竞争力。建立师资共享机制，使得具有丰富产业经验的教师能够跨校授课，增加学校间的资源流动，提升均等化水平。针对学生个体差异，建立个性化的指导机制，引导每个学生发挥其最大的优势。

数字化技术的应用将成为产教融合均等化的强大支持。大数据分析、人工智能等技术手段可以为决策提供数据支持。随着全球化的发展，产教融合将更多地面向国际，从而促进资源的国际流通，吸引更多国际化的人才和项目，提升整体均等化水平。未来的产教融合将更加强调创新与创业，注重培养学生的创新创业能力。这将推动均等化的路径更加贴近实际产业需求，促使各方更均衡地受益于产教融合。

新工科特色产教融合均等化路径是确保新工科教育发挥最大效益的关键。通过理论基础的构建、均等化问题的分析、实践策略的制定和未来趋势的展望，我们可以更全面地认识新工科产教融合的均等化问题及其解决之策。在未来的实践中，各方应共同努力，通过合作、创新和数字化转型等手段，推动资源环境均等化，实现更高效的新工科特色产教融合。

5.4.3 行业龙头企业牵引新工科特色产教融合生态环境实施策略

行业龙头企业在新工科特色产教融合中扮演着重要的引领角色。它们通过自身的技术实力、市场经验和资源优势，能够对新工科特色产教融合的生态环境产生深远的影响。

行业龙头企业通常在技术创新方面处于领先地位，通过引入先进技术和研发成果，可以推动新工科特色产教融合的技术水平，带动整个生态环境的创新发展。行业龙头企业对市场有深刻的洞察力，了解市场需求和趋势，通过与学校合作，可以将市场导向的理念融入教育培养计划中，促使学生更好地适应实际工作需求。行业龙头企业拥有丰富的资源，包括技术资源、人才资源和市场资源。通过与学校共享这些资源，行业龙头企业可以促进新工科特色产教融合的资源整合，提高教育培养的效能。

行业龙头企业可以与学校合作，提供专业的培训和实习机会，帮助学生更好地了解行业动态。行业龙头企业可以支持学校建设实践基地，提供实际工作场景，让学生能够更好地融入产业实践。行业龙头企业可以牵头开展创新项目，与学校共同研发解决实际问题的方案，促进科研与产业的深度融合。

不同学校与企业之间的资源分配存在差异，一些学校可能因为条件较差而难以融入产业合作。此外，行业与学校之间可能存在文化差异。因此，双方需要共同努力，建立相互理解与融合的文化氛围。

行业龙头企业应制定明确的产教融合战略规划，明确合作目标、资源投入和合作方向，以保证合作是有针对性和战略性的。建立双向的信息流通机制，可以确保学校能够及时了解行业需求，行业也能够了解学校的实际情况，进而实现信息的共享与对接。行业龙头企业可以牵头或协助学校进行师资培训，提高教师对行业发展趋势和实际应用需求的了解，使其更好地融入产业合作。建设共享平台，包括资源共享平台、实践基地共享平台等，促进资源的共享与互通，可以提高新工科特色产教融合的整体水平。行业龙头企业可以通过支持学校开展实践项目，提供实际场景，使学生更好地融入产业实践，培养学生的实际工作能力。

未来，行业龙头企业将更加注重数字化转型，通过大数据分析、人工智能等技术手段，提高合作的效率和精准度。随着全球化的发展，行业龙头企业将更多地推动国际化合作，与国际企业和学府展开更深入的合作，促进资源的国际流通。行业龙头企业将更加注重人才培养，通过与学校合作，共同培养符合市场需求的新工科特色人才，提高人才培养的质量和水平。

行业龙头企业在新工科特色产教融合生态环境中的牵引作用不可忽视，其引领能力将对整个生态环境的发展产生深远的影响。通过理论基础的构建、生态环境的挑战与问题分析、实施策略的制定和未来趋势的展望，我们可以更全面地认识行业龙头企业在新工科特色产教融合中的作用和影响。在未来的实践中，行业龙头企业应积极参与合作，通过战略规划、信息流通、师资培训等手段，不断推动新工科特色产教融合的深度发展，实现共赢共进。

第6章 构建区域行业龙头企业支撑下的新工科特色专业集群

6.1 区域行业龙头企业支撑下的新工科特色专业集群的课程

6.1.1 人工智能+新工科特色专业集群课程重构

人工智能技术为新工科教育提供了新思路。通过人工智能，高校能够更好地利用人工智能教学资源，将教学过程与大数据、云计算、物联网、人工智能等技术融合在一起，形成新的教学内容，实现新学科、新模式的创新发展。以人工智能为支撑的新工科，是新工科教学改革的必然选择，也是高校创新人才的培养目标。高校要充分意识到人工智能在教育中的重要作用，不断推进新工科专业课程建设，加强学科核心素养建设，在课程体系中引入人工智能，为高校培养具有创新意识和创新能力的创新型人才。

人工智能+新工科特色专业集群课程重构是将人工智能技术应用于新专业课程的深化，将传统专业课程教学目标与人工智能技术应用相结合，以培养应用型、创新型人才为目的，构建以智能技术为基础的课程体系，提升学生实践能力与创新能力。人工智能+新工科特色专业集群课程将人工智能、新技能、新技术等融入新工科人才培养体系，以区域行业龙头的智能制造和人工智能为支撑，进而实现新工科专业课程体系的重构，提升人才培养质量。具体而言，一方面，通过人工智能技术对新专业人才培养进行深度挖掘，探索人工智能在新学科教学中的应用，丰富新专业的课程内容，引导学生形成对专业知识、技能的深刻理解。另一方面，在人工智能时代下，需要将学科知识与技术能力转化为实践能力，借助人工智能进行新岗位知识与技能的培养。

将人工智能伦理道德教育融入新工科特色专业集群课程，一是培养学生习得人工智能技术应用伦理，引入人工智能演变过程中出现的特殊道德境遇，引导学生辩证思考，提高学生的道德判断力，让学生应用道德约束自身开展科技工作；二是要寻找我国应用人工智能技术助力国家发展的典型事例，凸显我国科技工作者攻坚克难的毅力，厚植爱国主义精神，培养民族自豪感。将人工智能创新思维教育融入新工科特色专业集群课程，可以让学生在掌握人工智能算法的核心思维后，应用该算法从较为科学的角度进行问题分析，提升学生解决问题的科学合理性。将人工智能融入新工科特色专业集群课程实践教学中，一方面，可以创新课程实践内容，给予课程应用项目有力的技术支撑，以新知识激发学生的学习兴趣，提高学生的专业技术能力；另一方面，可以增进学生对于项目管理中技术应用的认识，以项目驱动增强学生的项目管理能力。

6.1.2 产业内驱+新工科特色专业集群课程重构

2019年，中华人民共和国国家发展和改革委员会、教育部等六部委联合出台《建设产教融合型企业实施办法（试行）》，明确在金融、土地、财政等方面激励企业参与高等教育建设工作。产业的融入可为教育提供更好的驱动力，为我国产教融合人才培育向纵深发展提供强大动能。2020年，时任中国高等教育学会副会长的张大良指出，要充分利用科教融合、产教融合、理实融合三个施力点，以人才培养质量全方位升级为目标，助力完善我国高等教育治理现代化体系，提高高等教育治理能力。产教深度融合的关键在于形成以产业内驱为实践核心的课程体系，以课程为切入点勾连学校教育与产业实践，整合产教资源，将产业技术、知识、模式等元素融入学校课程，激发教学活力。

产业内驱是要将产业发展内生需求回馈至人才培养链的起点，形成人才链输出动态反馈与修正机制以保障人才培养链与产业发展链的紧密联结。产业内驱+新工科特色专业集群课程重构是在产业转型和产教融合背景下，提升学生综合实践能力、实现企业高质量发展、促进产业升级、推动新旧动能转换的必然选择。产业内驱+新工科特色专业集群课程重构是将知识、技术、管理、产业四者有机融合，实现知识与技术在生产、消费、经营中的相互转化，从而形成产业价值链。它以产业为支撑，以产学融合、校企合作为平台，利用学科交叉、专业交叉等创新途径，构建符合产业特点和行业特征的产教融合新课程体系。

学校教学委员会与企业管理层的联动结对管控，着重于课程垂直组织的连续性和顺序性，负责学校课程总体框架的制定，综合考虑学校与企业的双边诉求，确定人才培养目标，明确课程评价标准，把控课程开发的总体方向，确保课程开发的合理可行。学校教师与企业技术人员的互助结对攻关，着重于课程组织，以学校办学特色与企业核心技术融合为课程目标的基本来源，强调课程学习者经验、学科知识、社会生活三方面的整合性。应采用理论与实践贯通的课程链开展教学工作，在理论讲授部分采用以学校教师为主导、企业技术人员为辅助的开发模式，学校教师根据核心技术所需理论知识设计课程理论知识重点；在实践实训部分采用以企业技术人员为主导、学校教师为辅助的开发模式，企业技术人员以核心技术应用、研发、设计等为教学素材开展培训工作。

6.1.3 创新潜力+新工科特色专业集群课程重构

人才是国家发展的第一资源，创新驱动究其根本是人才驱动。自2014年国务院总理李克强提出“大众创业，万众创新”以来，创新创业教育在人才培养方面的地位不断攀升，许多高校开设了专门的创新创业教育课程，加之“互联网+”“创青春”等一系列学生创新创业比赛的举办，我国已形成了覆盖面广、层次较为清晰的创新创业教育体系。然而，当前许多高等学校的创新创业教育并未形成一个科学完整的体系，仍存在许多问题，究其根本是对于创新创业教育的认识不完全。

创新潜力与新工科特色专业集群课程重构在新基建背景下，通过新动能引领、新产业带动、新模式培育，可以使企业充分调动自身的创新能力，并实现企业创新战略和人才培养目标的统一。创新潜力是新工科特色专业集群课程的重要特征，新工科的课程标准要求培养创新型人才，提升人才培养质量。新学科课程要以创新发展为导向，注重对学生创新精神和实践能力的培养。在新课程建设中，应以培养创新意识为根本，以实践为基础，围绕创新驱动发展，培育创新思维、创新机制、创新创业意识，形成创新动力和创新氛围。

推进以“玩”助教、以“赛”促学。一是要以“玩”助教，做好课程课堂教学，通过丰富多元的案例提高学生的学习兴趣，并以“拼图”教学法、翻转课堂、项目驱动等新颖与趣味兼具的教学手段活跃课堂学习氛围，让学生在“玩中学”；二是要以“赛”促学，做好课堂延展，以创新创业比赛作为拓展延伸，将评分标准、选拔机制、准备流程引入课程教学，以多层次化的比赛敦促、激励学生不断完善项目计划书，磨砺学生的精神品格。

将创新创业教育融入专业课程中，以专业教育带动创新创业教育，二者联动可以产生强大的驱动力。专业教育与创新创业教育的结合应以课程案例为切入点，以学校科研项目与企业应用项目为载体。教师依托自身课题开展案例教学，以科研创新深化学生的创新思维；以企业应用项目连接专业学习，培养学生的创业能力。与此同时，教师可以开展任务驱动式教学，激活学生的创新潜力，推动理论知识向应用能力的高效转化。

6.1.4 核心素养+新工科特色专业集群课程重构

我国核心素养研究课题组将核心素养划分为社会参与、自主发展和文化基础三大板块，囊括人文底蕴、科学精神、学会学习、健康生活、责任担当、实践创新六项内容，为应用核心素养开展课程重构指明了方向。核心素养的提出，明确了将“知识向人”被动接受模式向“人向知识”主动建构模式的转变路线，强调学生应发挥主观能动性，以“人文底蕴”与“科学精神”作为文化基础，以“学会学习”和“健康生活”提高自主发展水平，强化“责任担当”和“实践创新”的社会参与能力。

核心素养是培养人才的基础和前提，是人才培养理念和人才培养模式的创新。核心素养是指学生在学习过程中，能够将知识与能力转化为一种行动，并能够运用所掌握的知识解决实际问题的能力。核心素养+新工科特色专业集群课程重构以学科知识和专业技能为支撑，围绕核心素养的内容，构建以职业能力培养为导向的产学融合新课程。在人才培养过程中，要关注学生关键能力的提升，注重学生综合能力的发展，促进学生对核心素养的理解。培养方案要根据学生的发展情况和企业现状，将学生的发展与企业的发展紧密联系起来，将核心素养融入新工科建设中，使专业课程与岗位要求相适应，使学生在专业实践中逐步形成正确的价值观。

核心素养的培育需要多样化的课程模式作为支撑，以学生兴趣作为施力点，选用学生选择自由度较大的公共选修课和专业方向课作为课程载体。高校应将核心素养培育设为课程育人的出发点，打造脉络清晰、内涵丰富的系列公共选修课程。学校应建立统一规范的公共选修课程管理办法，鼓励开展教师合作共建系列公共基础课程，建立课程淘汰机制，夯实学生文化基础，助力学生自我发展。高校应以核心素养培育为手段，构建内容充实、特色鲜明的专业方向课程。专业方向课程作为学生以自身专业兴趣选择的课程，担负着学生前期专业知识检验与未来就业方向拟定两项重任，通常该类课程以实践实训为主。

6.1.5 专业匹配+新工科特色专业集群课程重构

专业作为人才培养课程体系设计的起点和归宿，对人才的培养具有导向功能，指明了人才通过课程学习后应具备的知识、能力、技术和价值观，统领学生学习的各个阶段。从实际社会需要的角度来看，专业是人才的特定标签，它决定了人力资源与所需岗位的匹配程度。

为适应区域产业转型升级，新工科专业需要在原有专业的基础上进行改革，实现专业匹配，提高专业教育的质量和水平。根据区域行业龙头企业的需求，依托新材料、生物制药、新能源、生物医药、精细化工、人工智能、高端装备制造、汽车制造业等产业和领域，学校与企业共同承担专业建设，对专业结构进行优化，调整专业课程结构，优化教学方案，提升教学质量。专业匹配+新工科特色专业集群课程重构是将新产业、新学科、新技术、新模式与高校课程有机融合，以培养专业应用型人才为目标，以课程体系建设为落脚点，注重人才培养与行业应用的深度融合，将“专业”与“岗位”进行有效的融合。同时，在课程内容的创新上，要将教学实践中的实践操作与生产过程中的技能操作相结合。

新工科特色产教融合通过更新专业教育内涵，可以打破以往专业教学由单一学科或者相近若干学科简单拼接的专业课程育人体系，由培养能胜任专业领域工作的“专业专才”向培养能适应多领域与时代变化要求的一专多能的“专业通才”转变。与此同时，专业匹配还具备评价功能，是人才输出质量检验的最基本要求。课程开发与重构是围绕专业这一鲜明特征开展的，为的是实现专业的与时俱进，进而凸显专业在社会生产中的地位。

6.2 区域行业龙头企业支撑下的新工科特色专业集群的课程建设

6.2.1 多元产教创新载体催生新工科特色专业集群课程高价值演变

随着国家大力推行产学研深度融合，越来越多的学校在人才培养模式、师资队伍、教学方式等方面取得了一定的成绩。然而，在实践层面，人才培养质量和效果与产业发展要求之间仍然存在较大差距。因此，培养创新型、复合型、应用型高技术技能型人才成为新工科人才培养过程中亟待解决的问题。我国新工科特色专业集群课程的创新发展，需要以多种产教融合创新载体推进新工科特色专业集群课程建设。

多元产教创新载体构建包括立体化载体框架和多层次载体内构两部分，前者是指不同社会类型的多元主体，即打破以往校企合作中学校与企业的简单“双元”参与机制，扩充主体成员类型，邀请政府、学校、企业、研究机构、行业协会、银行等相关主体一起参与课程开发工作。该载体框架中的不同主体，拓宽了教学资源、教学场地、资金经费等渠道，从现实“硬”件条件层面支撑新工科特色专业集群课程体系建设。在企业方面，组建企业联盟，一是要求参与企业所属行业应该多元化，以此支撑共建课程多支线发展；二是要求规模应包含大中小不同类型的企业，激活同行业协同育人活力，这有利于共建课程内容由浅入深递进。学校方面，应打破院系、专业的壁垒，鼓励不同院系的教师参与课程共建。学科知识方面，应注重学科知识融合，逐步推动单学科课程向复合课程转变。

6.2.2 异源异构基地体系支撑新工科特色专业集群课程建设

自“双一流”建设实施以来，我国的高等教育取得了举世瞩目的成就，但仍然存在一些问题，而构建高校综合实训基地体系，以提升人才培养质量，为新工科人才培养提供保障，是建设世界一流大学、建设创新型国家的重要途径。

在机制基础方面，应建设网格化教学资源库和构建多元产教创新载体，优化组织机构、调配资源动态和融合学科知识；在方向引领方面，应突出学校和企业双元主体引领地位，场地建设、管理机制、执行方案三相合力；在质量监管方面，应鼓励政府、行业协会、金融机构联席参与，扮演协调者、促进者、监督者的角色，保障基地体系的建设质量。在推进基地体系实施的过程中，应以企业为实践中心，建成一批工程技术研究中心、行业运营服务中心等以实践为主的实践基地供学生实训实习使用；以学校为创新高地，设立科研技术创新平台、学科融合实验室，推进实验教学与科研创新。学校作为基地体系中实验创新的主战场，可运用课程实验夯实学生实践应用基础，提高学生专业技能；可结合学校教师特长，开展师生协作的科研创新，培养学生创新思维，培育学生科研素养。企业作为基地体系中应用实践的主战场，应夯实基地体系，考虑行业成员规模与运营特点，组织成员帮扶结对，优化组合行业资源以提高实习实训教学的实用性。

6.2.3 工程与实训项目转化支撑新工科特色专业集群课程建设

工程与实训项目转化是落实新基建背景下新工科人才培养目标和推动新旧工科融合发展的重要举措，通过理论教学与实践教学相结合的方式，可以提高学生的工程实践能力，培养学生的实践能力和创新精神。工程与实训项目转化支撑新工科特色专业集群课程建设，以工程实践教学为核心，以课程体系建设为支撑，构建以学生为中心、以项目为载体、以实训基地为依托的工程与实训课程体系。在项目立项、项目实施、成果转化、结果反馈等环节，通过与新工科特色专业集群课程的整合、开发、提升，可以形成学生、教师、企业、学校、社会共同参与的新工科人才培养模式，有利于学生掌握新产品开发的基本理论和基本技能，培养其综合运用新生产工艺的专业技能。

在“理实融合”理念中，可以运用较为简单的案例，帮助学生在实训课程初期形成直接知识与间接知识相互融合的学习方法，为课程后续的项目教学夯实基础。在“产教融合”理念中，可以将工程应用上较为成熟的项目作为课程的中期重点，根据实际工程项目要求，按步骤、分模块开展教学，邀请模块负责人担任环节导师，从应用角度对项目进行内容剖析与学生指导，加深学生对于专业应用的认知，加速学生知识、技术的内化进程。在“科教融合”理念中，可以设置学校教师与企业工程师双师同步的教学模式，由学校教师负责创新产品仿真建模与研发思路的讲解，由企业工程师重点指导如何将仿真模型转化为实际产品，使课程教学与产品研发同步进行，推进产学研有机结合。应构建难度梯度上升式的系列项目，以成熟应用项目强化学生的专业实践功底，以创新研究项目提升学生的专业创新能力，注意跨学科知识融合以丰富课程内涵，激活项目驱动式教学活力，推动“学中做”与“做中学”结合，从而实现课程教学与产业的协同发展。

6.2.4 “专业–学科–产业”链式发展对接新工科特色专业集群课程

1. 新工科背景下学科与专业课程一体化发展

新工科背景下，我国的工科专业建设在专业门类、人才培养目标、学科专业、实践能力、课程体系、科研能力等方面取得了明显的成就，但与新工科建设相适应的学科建设还存在许多不足，如学科间的融合程度较低，学科间的相互渗透性不强，交叉学科的融合度较低。因此，需要从学科交叉融合的视角，对学科与专业融合的内涵和特征进行深入挖掘，以“学科–专业–产业”链式发展为切入点，将工科专业的培养目标与产业的人才培养目标有机地结合起来，培养具备创新精神和创新能力的人才。

学科与专业复合课程一体化建设方案如下。第一，学科方向与专业领域协同推进，立足于区域经济开展学科与专业建设，以服务区域产业发展为目标，在专业课程中注意融入有利于驱动区域产业的理论知识、技能训练、项目实践，以此强化学校与区域、学校与产业的联结，完成课程知识一体化建设。第二，学科团队与专业师资融通建设，引进企业兼职教师丰富教师结构，多方合作开发学科知识结构复合与理论实践融合的课程。第三，学科平台与专业资源共享共用。高校应充分向其他方借力，打破建设过程中“人、财、物”等资源不足的困境，通过与行业联合组建实验室群、工程应用中心、科研创新基地等场地，实现资源一体化，保证资源有效利用率。第四，学科攻关与专业教育携手创新，将学科创新的科技成果应用于产业，检验成果的实际成效，同时将创新成果应用成功的项目更新为专业课程教学实践案例，推进实现成果一体化，达成学科发展、产业提升与课程育人的同频共振。

2. 学科结构与产业结构适配性优化新工科特色专业集群课程

产业经济需要学科作为支撑，而学科具有动态性、开放性的特征，学科的交叉与融合将促进产业间的融合与发展。产业是学科发展的最终形态，即产业的形态会随着学科的发展而变化，学科结构的动态调整是产业演变的前提，而产业结构的变化会促进学科之间产生新的关联。学科建设与产业发展的契合度高，因此可以结合学科特点与产业要求，以产业需求为导向，将学科融合到产业中。高校可以在课程教学中引入产业经济学、工业经济、技术经济等学科知识，创新学科的知识结构，提高学科知识的融合性。

产业是高校加强学科建设的风向标。高校在确立重点建设学科的基础上，要敲定能高效对接的区域行业龙头企业名单，借助产业力量，补齐软硬件短板以发展优势学科，将产业生产、管理和服务等内容融入专业课程，快速提升办学能力。高校培育输出的人才是推动产业发展、引领产业变革创新的核心力量。高校可以通过科学布局自身学科建设，尝试从多领域开展课程建设，以输出复合型人才引领产业结构优化，进而不断探索产业发展的可行之路。学科结构与产业结构的适配性与二者的发展进程息息相关，高校应充分立足地方，因地制宜、因时制宜地开展学科建设工作，从借助产业力量发展优势学科对接产业需要，到发挥自身创新优势丰富学科结构引领产业变革，使课程内容从产业实践向产业创新转变，推进学科结构与产业结构的兼容适配以形成课程的迭代优化。

3. 对接产业链的新工科专业群与课程集群

当前，高校的工科类专业设置主要围绕基础学科、交叉学科和交叉专业三个核心模块，而将新学科融入各专业中，可以以专业为引领，以学科为支撑，实现学科与专业融合发展。在产业经济学中，产业具有特定需求，具有规模经济、专业化、集聚化等特征和区域性、系统性、跨学科性等特点。各产业相互促进、相互作用，产业链中各要素相互联系、相互支撑，可以使新工科特色专业集群课程之间相互协调、共同发展。新工科专业要求学生掌握前沿理论和前沿科技，具备学科知识和能力，是实现产业与学科融合的基石。

专业群组建：在课程层次结构上，要求专业课程设置应满足产业现实需要，对接产业发展趋势，动态更新新工科专业课程；在课程培养模式上，注重课程开发过程中的产学研融合，推行“学习—实践—再学习”的培养流程，汇集资源支撑课程育人机制创新；在专业建设成效上，表现为群内各专业质量协同提高且达到较高水平，所培养的学生能够快速适应岗位要求。

课程集群建设：在课程体系建构方面，需要注意资源的有机整合，避免相似课程重复开设造成集群冗余。一种可行方式就是采用大类课程的培养模式，在专业群内设置相同的公共基础和专业基础课程，而为了体现专业的差异性，则从专业核心课程开始，根据专业分设不同的系列课程以防止专业同质化发展。在课程学科筛选方面，应立足对接产业发展需要，采用“一门核心，多门交融”的构建模式，即在认真分解产业链各环节学科知识构成的前提下，明确一门学科作为课程知识核心，辅之以其他学科知识以完善课程。在课程组合结构方面，应重视集群内课程间的相容性，推进课程模块化建设，满足专业群内不同专业的按需设置要求。

6.3 区域行业龙头支撑新工科特色专业集群课程重构后的评价机制

6.3.1 系统评价结构

通过运用人工智能、产业内驱、创新潜力、核心素养、专业匹配五源重构课程，在极大丰富课程知识结构的同时，也为开展课程评价提供了新视角。课程评价内容既需要重视课程实施结束后所达到的实际成效，又需要关注课程的目标制定、开发设计、实施执行和完善改进等不同环节。一方面，以课程目标为方向指导，检验课程整体方向是否偏离课程目标，避免出现课程目标与课程实施“两张皮”的现象；另一方面，以课程游离评价课程适用性，摆脱课程既定目标的束缚，以课程培养的全部结果作为对象进行全局分析，观察课程是否适用于施教者与受教者，从全局视角判断课程质量。课程评价主体有参与课程开发的内部人员，包括计划制订者、内容设计者、具体实施者等，应敦促其养成总结与反思的习惯，这有利于课程质量的进一步提高。非课程开发人员应充分发挥多元创新载体的参与度，推进“教授治学、产业评学、政府促学”的督导制，从学校、企业、行业协会、政府部门等不同主体多角度地审视课程，确保评价体系客观公正、科学合理。

6.3.2 量化指标体系

人工智能、产业内驱、创新潜力、核心素养和专业匹配五源并发的课程重构方式在为课程开发注入创新活力的同时，也为课程评价量化设定了可行的象限。表6-1为五源重构课程评价指标。

表6-1 五源重构课程评价指标

一级指标	二级指标	评价的意义
人工智能A1	涉及人工智能伦理方面的讲解B1	关注人工智能与课程的融合度，考核人工伦理、理论和技术应用于课程后，对于学生思维、方法提升的实际成效
	课程内容与人工智能的关联程度B2	
	引入人工智能相关理论知识B3	
	引入人工智能技术进行课程案例分析或项目设计B4	
产业内驱A2	企业提供的核心技术与学校办学特色的相符程度B5	考量产业内驱产教融合的深入度，将成果产出与成果转化纳入评价范围
	校企合作实训基地、合作实验室作为课程实践场地B6	
	课程案例与企业项目应用挂钩B7	

续表

一级指标	二级指标	评价的意义
产业内驱A2	课程内容以真实企业项目为依据B8	考量产业内驱产教融合的深入度，将成果产出与成果转化纳入评价范围
	行业、企业参与实训教材、学生评价表等教学资源的共同开发B9	
创新潜力A3	课程教学方法新颖多样B10	审视课程新手段、新方法对创新创业教育的推动力
	学生对创新创业的理解程度B11	
	课程内容包含对创新创业比赛规则、参赛准备、文案撰写等方面的介绍B11	
核心素养A4	课程运用合作式学习等方法提高学生社会参与度B12	重视核心素养的塑造，评判课程设计是否贯彻了学生本位的理念，关注学生社会参与、自主发展和文化基础的培育与提升
	课程资源包含教材以外的人文与科学知识B13	
	培养、引导学生提高自身的学习方法B14	
专业匹配A5	课程目标具有明显的专业特质B15	专业匹配明确人才归宿，审核课程专业理论、技术、应用案例等元素是否符合课程专业性的基本要求
	课程核心学科与专业所属学科相同或相近B16	
	课程专业内容难度由浅入深，逐级递进B17	
	课程教学场景基于行业岗位工作过程B18	
	课程为其他专业课程的前导课程或后续课程B19	
	课程教学内容、标准与行业专业岗位标准的匹配度B20	

本书采用层次分析法（简称“AHP”）进行各指标权重系数的计算，分为建立层次模型、明确指标范围、构建判断矩阵、权重计算、一致性检验五个步骤。

第一步：建立层次模型。根据表6-1将课程指标划分为两层，A1～A5为第一层指标，其权重之和为1。二级指标只与其相对应一级指标挂钩，如A1对应二级指标B1～B4。

第二步：明确指标范围。在建立层次模型后，要注意评价指标的层次与范围，如想要获得一级指标A2下各二级指标的权重系数，则应该选取的指标是B5～B9。

第三步：构建判断矩阵。判断矩阵是用于判定同层各因素中的值的相对重要性，如式5.1所示：

$$D=\begin{bmatrix} d_{11} & d_{12} & \cdots & d_{1j} \\ d_{21} & d_{22} & \cdots & d_{2j} \\ \vdots & \vdots & & \vdots \\ d_{i1} & d_{i2} & \cdots & d_{ij} \end{bmatrix} \tag{5.1}$$

式中，d_{ij} 指的是指标 i 相对于指标 j 的重要程度。

为了提高因素比较的合理性，采用比例 $9/K$ 比例标度度量因素的相对重要性，其划分依据见表6-2所列。

表6-2　9/*K* 比例标度

标度	含义
9/9(1)	同等重要
9/7(1.286)	稍微重要
9/5(1.800)	明显重要
9/3(3.000)	非常重要
9/1(9.000)	极其重要
2,4,6,8	上述相邻判断的中值
通式	$9/(10-K)$, K=1～9

此步骤需要注意专家的筛选范围应来自各教育教学活动参与方，且其在自身领域具有权威性；专家间对于因素重要性判定的意见应基本一致。

第四步：权重计算。对第三步进行特征值分解，求解出的最大特征值 λ_{max} 及其对应的特征向量 $G=(g_1,g_2,\cdots,g_n)$，并对其进行归一化处理获取该层各因素对应的权重系数。

第五步：一致性检验。检验判断矩阵中是否有前后矛盾的问题，进而评估判断矩阵的各因素关联关系的逻辑合理性。如A、B、C三个关联因素，A

比C非常重要，B比C稍微重要，则从逻辑角度可以推导出A比B更为重要。一般地，为了评估判断矩阵的一致性，我们需要求解出一致性指标，并运用其与随机一致性指标的比值作为评估依据。一致性指标 CI 的计算公式如式5.2所示：

$$CI=\frac{\lambda_{\max}-n}{n-1} \tag{5.2}$$

式中，$\lambda_{\max}$ 为矩阵的最大特征值，n 为矩阵阶数。

CI 大小与判断矩阵的一致性呈负相关关系，CI 值越接近于0时，则表示矩阵的一致性更优；反之，则表示矩阵的一致性更差。由于矩阵的阶数会左右其一致性随机偏离概率，因此在计算出 CI 后，还需要根据矩阵的阶数去查找其对应的 RI，计算一致性比作为评估依据。RI 的部分取值见表6-3所列。

表6-3　AHP方法中矩阵平均随机一致性的参考值

矩阵阶数	1	2	3	4	5	6	7
RI	0	0	0.52	0.89	1.12	1.26	1.36

式（5.3）为判断矩阵一致性比 CI 的计算公式为

$$CR=\frac{CI}{RI} \tag{5.3}$$

通常认为 CR 的一致性合理上限阈值为0.1，若 $CR<0.1$ 表示判断矩阵一致性为合理可行，否则判断矩阵逻辑合理性欠佳，需要进行调整。完成上述步骤，则可根据各层的实际需要，构建判断矩阵实现指标量化的权重计算。

为更好地说明评估方法，现以专业核心课程为例进行说明。从本章产教融合五源重构的视角来看，专业核心课程必须立足于专业本身，依托产教融合挖掘产业内驱潜力，运用人工智能的新理论、新方法、新技术开展课程开发工作，激活教师与学生的创新潜力，以达成人才关键能力与必备品德的核心素养培育。基于上述特点，我们认为专业核心课程的一级指标的相对重要性为专业匹配＞产业内驱＞人工智能＞创新潜力＞核心素养。由此构建判断矩阵如下：

$$D=\begin{bmatrix} 1 & \frac{7}{9} & \frac{9}{5} & \frac{9}{5} & \frac{5}{9} \\ \frac{9}{7} & 1 & \frac{9}{5} & \frac{9}{4} & \frac{7}{9} \\ \frac{5}{9} & \frac{5}{9} & 1 & \frac{9}{7} & \frac{3}{9} \\ \frac{5}{9} & \frac{4}{9} & \frac{7}{9} & 1 & \frac{3}{9} \\ \frac{9}{5} & \frac{9}{5} & \frac{9}{3} & \frac{9}{2} & 1 \end{bmatrix} \tag{5.4}$$

通过特征值分解，计算出判断矩阵 D 的最大特征值 λ_{max} 为5.1745，其对应特征向量经归一化处理后如下：

$$g=\begin{bmatrix} 0.1850 \\ 0.2296 \\ 0.1155 \\ 0.1001 \\ 0.3697 \end{bmatrix} \tag{5.5}$$

根据 λ_{max} 验证 g 是否为可行权重系数，判断矩阵 D 的一致性，计算其一致性指标：

$$CI=\frac{\lambda_{max}}{n-1}=\frac{5.1745-5}{5-1}=0.0436 \tag{5.6}$$

获得 CI 后，计算矩阵 D 的一致性比：

$$CR=\frac{CI}{RI}=\frac{0.0436}{1.12}=0.0389 \tag{5.7}$$

由于一致性比 CR 小于一致性上限阈值0.1，所以根据矩阵 D 计算出的权重 g 有效。同时，g 的权重系数大小的排序与先前预设的重要性排序一致，这验证了这种评价方案的合理性。

6.4.3 统一评价标准

考虑到评价指标的多层次结构，本文在进行评价之前需要运用AHP分析法计算出各指标的权重，接着将模糊综合评价方法运用于最底层，以此计算出其所属上一层的得分，最后结合各层权重系数推算出最终得分。模糊综合评价方法包括以下七个步骤。

第一步：构建模块综合评价因素集合。评价因素集合是指会影响待评价指标的因素，如A1中包含B1、B2、B3、B4四个指标因素，则记作$U_{A_1B}=(B_1,B_2,B_3,B_4)$。

第二步：构建模块综合评价评估集合，对评价因素的评估去模糊化，通过对指标评价可能出现的结果进行等级划分，将定性评价向定量评价转化。构建评估集合$V=(v_1,v_2,v_3,v_4,v_5)$，v_1、v_2、v_3、v_4、v_5分别对应很好、较好、一般、较差、差，用来评估指标描述的相符程度。

第三步：构建模块评价矩阵。以指标的评价概率密度作为隶属函数，如一共收回25份学生作答的有效问卷，其中B_1指标勾选“很好”的有11份、“较好”的有5份、“一般”的有4份、“较差”的有3份、“差”的有2份，则B_1的隶属度$R_{B_1}=(0.44,0.2,0.16,0.12,0.08)$。根据此方法可获得其他二级指标的隶属度$R_{B_i}=(r_{B_{i1}},r_{B_{i2}},\ldots,r_{B_{im}})$，并利用同属于一级指标$A_i$下的二级指标构建评价矩阵$R_{A_iB}$：

$$R_{A_iB}=\begin{bmatrix} r_{B_{11}} & r_{B_{12}} & \cdots & r_{B_{1m}} \\ r_{B_{21}} & r_{B_{22}} & \cdots & r_{B_{2m}} \\ \vdots & \vdots & & \vdots \\ r_{B_{n1}} & r_{B_{n2}} & \cdots & r_{B_{nm}} \end{bmatrix} \tag{5.8}$$

式中，R_{A_iB}是一个$n\times m$矩阵，n是同属于指标A_i的下一级指标个数，m为评价指标划分等级数。

第四步：建立模块综合评价模型。假定已根据AHP分析法获得课程A_i模块的权重为$W_{A_iB}=(w_{A_iB_1},w_{A_iB_2},\cdots,w_{A_iB_n})$，则可根据下式计算出模糊向量：

$$B_{A_i}=W_{A_iB}*R_{A_iB}=[w_{A_iB_1},w_{A_iB_2},\cdots,w_{A_iB_n}]*\begin{bmatrix} r_{A_iB_{11}} & r_{A_iB_{12}} & \cdots & r_{A_iB_{1m}} \\ r_{A_iB_{21}} & r_{A_iB_{22}} & \cdots & r_{A_iB_{2m}} \\ \vdots & \vdots & & \vdots \\ r_{A_iB_{n1}} & r_{A_iB_{n2}} & \cdots & r_{A_iB_{n2}} \end{bmatrix}=[B_{A_{i1}},B_{A_{i2}},\cdots,B_{A_{in}}] \tag{5.9}$$

对B_{A_i}作归一化处理后，根据最大隶属规则给出课程A_i模块的评价。假设计算出的结果$B_{A_1}=(0.23,0.38,0.15,0.12,0.12)$，则根据评估集合$V$课程$A_i$模块所获得评语为“较好”。

第五步：计算模块综合评价分数。根据评估集合V设定评估分数集合Q，如设定对应于$V=(v_1,v_2,v_3,v_4,v_5)$，$Q=\{q_{v_1},q_{v_2},q_{v_3},q_{v_4},q_{v_5}\}=\{95,85,75,65,50\}$，则可根据$B_{A_i}$计算出$A_i$模块得分：

$$S_{A_i}=B_{A_i}*Q^T=\left[B_{A_{i1}},B_{A_{i2}},\cdots,B_{A_{in}}\right]*\begin{bmatrix}q_{v_1}\\q_{v_2}\\\vdots\\q_{v_n}\end{bmatrix} \tag{5.10}$$

假设现已获得课程A_1模块的$B_{A_1}=(0.23,0.38,0.15,0.12,0.12)$，评估分数集合$Q=(95,85,75,65,50)$，则可测算出课程$A_1$模块得分$S_{A_1}$为79.2分。

第六步：计算单个群体对象课程评价得分。在获得课程各一级指标模块A_i的得分S_{A_i}后，将S_{A_i}与其相应的权重相乘W_{A_i}，即可计算出课程的评分：

$$S=\sum_{i=1}^{k}W_{A_i}*S_{A_i} \tag{5.11}$$

式中，k为一级指标模块数。

第七步：计算课程综合评价得分。考虑到课程评价应该是一个多方参与的共建活动，因而需要综合各方意见对课程进行评价。通过前六步可以获得不同类型群体对于课程的评分，利用评分与群体对应权重系数的乘积即可求出课程的综合评价。

$$S=\sum_{j=1}^{L}W_j*S_j \tag{5.12}$$

式中，W_j表示评价群体j的权重系数；S_j为评价群体j给出的课程评价得分；L为课程评价群体数。

6.4.4 拓展评价形式

评价方法的选择与评价过程的实现是一个动态的过程。目前，一些学校在课程评价方面存在一些问题，如评价主体单一、评价内容单一、评价方法不健全、缺乏针对性。在实施产教融合的过程中，要进一步改进评价方式，丰富评价的内容，提高评价的准确性和科学性，避免因评价结果失真而影响评价效果。

从课前评估、课程督导、课程评价指标、课程教学与比赛等方面可以拓展评价形式。在课前评估方面，检查任课教师在教学大纲、教案、教学素材等方面的准备情况；组织教师说课，讲解课程的总体设计思路与实施计划。开展课前评估可以夯实课程“硬”基础，完善课程“软”建设，提高课程针对性。在课程督导方面，关注课程计划的实际执行情况，教授治学保证课程教学内容深度，同行评教开拓课程实施思路，学生评价回应学生个性化发展需要。做实课程督导可以及时反馈课程实施情况，盘活课程动态改进机制。在课程评价指标方面，检查课程教学评价系统的指标是否符合学校人才培养要求，增添发展所需考核的指标项，淘汰其中的不必要指标项；将评价得分纳入教师年度考核，设定优秀课程奖励机制。更新课程评价指标，可以确保评价科学合理。课程教学与比赛方面，教学比赛的参赛范围应以实际在授课程为主，将课程所获得评价纳入教学比赛评分体系；比赛评选出的获奖课程将作为示范性课程供全体教师学习。做好教学比赛与课程实施的衔接，可以强调课程教学提升在日常、课程比赛意识在平常。

第7章 区域行业龙头企业支撑新工科特色产教融合实践

7.1 区域行业龙头企业与新工科特色产教融合机理

7.1.1 产业需求引领新工科特色学科建设

随着时代的不断发展，产业与教育之间的联系变得日益密切。在这个背景下，新工科特色学科的建设不仅需要深刻理解当代产业的需求，更需要与行业龙头企业形成紧密的融合。产业需求引领新工科特色学科建设是一种前瞻性的教育模式，它不仅关注传授学科知识，更注重培养学生适应未来产业发展的实际能力。

新工科特色学科是对传统工科进行升级改造后的产物。它强调培养学生的实际操作能力、创新思维和团队协作能力，更加关注学生在实际产业中的应用能力。这种新型工科教育不仅要求学生掌握扎实的专业知识，还要求他们能够灵活运用这些知识解决实际问题。传统的学科建设往往以学科内部的理论和知识为主导，而忽视了这些知识在实际产业中的应用。产业需求引领学科建设理念的提出，强调学科的发展应该以产业的实际需求为导向，紧密结合当前产业的发展趋势，培养学生适应产业需求的实际能力。这一理念体现了教育与产业深度合作的迫切需要。

要将产业需求引领学科建设理念转化为实际行动，首先需要进行深入的产业需求调研。高校与行业龙头企业可以联合开展市场调研，了解当前产业的技术水平、人才需求和未来发展趋势。在产业需求调研的基础上，进行前瞻规划是十分关键的一步。高校和企业应该共同思考未来产业可能面临的挑战和机遇，探讨学科发展的方向。这种前瞻性规划能够为学科建设提供清晰的发展蓝图，使学科更好地适应未来产业发展的需要。

产业需求引领学科建设的核心是将产业需求融入课程设计中，使学科更具实际应用性。课程设计应该紧密结合产业实际，引入企业合作项目和案例，使学生在学习中能够直接面对产业问题，培养学生解决实际问题的能力。实践导向是产业需求引领学科建设的一个重要方面。通过实践性的课程设计，学生能够在真实场景中应用所学知识，提高自身的实际操作能力。高校可以与企业合作建立实践基地，为学生提供更多实际操作的机会，使他们能够更好地适应产业的工作环境。

产业需求引领学科建设需要建设一支具有产业导向教学能力的师资队伍。高校教师和企业专业人员可以进行双向培训，使教师更好地了解产业最新动态、企业员工更好地理解教育体系。企业专业人员还可以担任兼职教师，为学生提供实际操作指导和产业经验分享。产业导向教学强调教学内容与产业实际需求的紧密结合。教师应该及时调整课程内容，引入最新的产业发展动态，确保学生所学知识具有实际应用价值。产业导向教学还可以通过行业讲座、企业参与课程评审等方式，促进教育与产业之间的深度融合。

产业需求引领学科建设能够培养更符合产业需求的高素质人才。学生通过实际操作和产业项目的参与，能够更好地理解产业运作和技术应用，使他们毕业后更容易适应实际工作环境。产业需求引领学科建设能够促进科研与产业创新的深度融合。学科建设的前瞻性规划有助于产生更具实际应用价值的研究成果，同时产业为学术研究提供了实际问题和场景，可以推动科研成果更好地服务于产业发展。在产业需求引领学科建设的过程中，也面临一些挑战。其中之一是产业变化较快，需要学校与企业建立更加灵活的合作机制，及时调整培养计划。另外，师资队伍建设也是一个潜在的挑战，需要投入更多资源进行双向培训和引进产业专业人才。应对这些挑战的策略包括建立灵活的合作机制，建设产教融合的信息共享平台，定期进行产业需求调研，以及加强师资队伍的培训与引进。

产业需求引领新工科特色学科建设是一种有着深远影响的理念和实践。通过将产业需求融入学科建设的方方面面，可以培养更具实际应用能力的学生，促进科研与产业创新的深度融合。同时，这种模式也面临一些挑战，需要学校与企业共同努力，建设更加灵活、适应性强的合作机制。产业需求引领学科建设的理念为新工科教育注入了更多活力，为培养适应未来产业发展需要的人才提供了有力支持。

7.1.2 行业技术引领产学研发展

随着科技的迅猛发展和产业结构的不断演变，新工科特色产学研发展成为推动产业创新和培养人才的重要手段。行业技术的引领作用在新工科教育中越发凸显，为学校提供了更贴近实际需求的教学内容和研究方向，为学生提供了更广阔的职业发展空间。行业技术引领产学研发展背后的核心理念是将行业技术需求视为学科建设和人才培养的引导方向，使二者更符合实际应用和未来趋势。

行业技术引领产学研发展基于产业与教育深度融合的理念。传统的产学研发展往往是学校根据自身研究方向开展科研，企业依赖研究成果进行产业应用。而行业技术引领则强调由行业技术发展趋势和需求引导学校的产学研发展方向，使之更符合实际应用和未来趋势。新工科特色注重培养学生的实际操作能力、创新思维和团队协作精神。行业技术的引领作用使得新工科特色更贴近实际产业需求，使学生在学习和研究中能够直接面对现实问题，培养解决问题的实际能力。新工科特色强调培养学生的实际操作能力、创新思维和团队协作精神。

产学合作项目是行业技术引领产学研发展的重要实施路径之一。学校可以与行业龙头企业签署合作协议，在共同关注的技术领域开展产学合作项目。通过项目的开展，学校能够更好地了解行业技术的最新发展动态，同时为学生提供参与项目的机会。建设产业实践基地是另一种行业技术引领产学研发展的有效途径。学校可以与行业龙头企业合作，共同建设产业实践基地，给学生提供一个真实的产业环境。通过在实践基地的学习，学生可以更深入地了解行业技术的应用，同时学校也能更好地将实际问题引入教学和研究。课程设计是实现行业技术引领产学研发展的关键路径之一。学校可以结合行业技术的发展趋势，调整课程内容和设置，确保教学内容更符合行业实际需求；引入最新的行业技术案例和实际问题，使学生在课堂中能够更好地学到与产业实践相关的知识和技能。建立企业导师制度是推动行业技术引领产学研发展的有效方式。企业专业人员可以担任学生的导师，参与学生的学习和研究，为学生提供实际项目和产业导向的指导。这种导师制度不仅促进了学校与企业之间的深度合作，也可以使学生更好地融入实际产业环境。

行业技术引领产学研发展的机制有助于实现人才培养的深度融合。通过与行业技术的紧密联系，学校可以培养出更符合实际需求的高素质人才，使学生具备更好的职业适应能力。这种深度融合不仅体现在学科知识的掌握上，更涵盖了解决实际问题的综合能力。行业技术引领产学研发展机制有助于促进科研与产业创新的深度融合。学校的研究方向更贴近行业技术的发展，科研成果更容易转化为实际产业应用。这种融合推动了学术研究更加注重解决实际问题，使产学研发展的成果更具实际应用性。在行业技术引领产学研发展的过程中，也存在一系列挑战。其中之一是行业技术变化较快，需要学校与企业建立更加灵活的合作机制，及时调整教学内容和培养计划。为解决这一问题，学校与企业可以建立灵活的产学合作框架，确保合作项目能够及时调整以适应技术发展的变化。另一挑战是建设产业实践基地和企业导师制度需要更多的资源和支持。解决这一问题的策略包括寻求更多的企业合作伙伴，争取政府和企业的支持，以及通过引入资金、技术和人才等多方面手段提升合作项目的质量和水平。

行业技术引领产学研发展是一种有着深远影响的机制，通过与行业技术的深度融合，学校能够更好地适应产业需求，培养更具实际应用能力的人才。然而，这一机制也面临一系列挑战，需要学校与企业共同努力，建设更加灵活、适应性强的合作机制。在行业技术的引领下，新工科特色产学研发展将更加贴近实际需求，为产业和人才培养带来更多机遇和可能。

7.1.3 区域龙头企业支持新工科特色教育资源共享

新工科特色教育的兴起标志着高等教育迎来了一场深刻的变革。为培养具备创新能力、实际操作技能和团队协作精神的工科人才，学校与行业之间的合作越发成为推动这一变革的关键因素。在这个过程中，区域行业龙头企业在教育资源共享方面的积极参与和支持，将对新工科特色教育产生深远而积极的影响。

区域行业龙头企业通常在特定领域拥有丰富的技术和实践经验。共享这些经验意味着企业将实际的行业案例、技术文档、解决问题的方法等分享给学校。通过这种方式，学校能够更好地将理论知识与实际操作相结合，使学生在课堂中学到的知识更具有实际应用性。企业专业人士参与到学生的学习过程中，担任导师角色，进行实际项目指导和职业规划。这样的互动不仅使学生能够更深入地了解企业实际运作，同时也为企业提供了发现和培养优秀人才的机会。共建实践基地是另一种促使产教资源共享的机理。企业与学校共同投资建设实践基地，使之成为学生实际操作的场所。这种实践基地不仅为学生提供了更好的学习环境，同时也为企业与学校深度合作提供了平台，促进了实践经验和资源的共享。

合作的第一步是明确的合作协议和框架。这一协议应该详细规定资源共享的具体内容、合作期限、双方的权益和可能涉及的问题解决方案。一个清晰的框架将为合作关系的建立提供必要的保障。为了更好地推动产教融合，学校和企业可以设立专门的工作小组。这个小组可以负责具体的合作事务，定期召开会议，讨论合作计划，解决合作中的问题，推动资源的共享。共建实践基地和开展合作项目是资源共享的关键环节。通过实践项目，学生能够在实际工作中应用所学知识，同时企业可以借此机会挖掘和培养潜在的优秀人才。项目设计既要满足学校的教学目标，也要满足企业的实际需求。学校与企业可以搭建信息共享平台，确保信息交流畅通。通过信息的共享，双方能够更好地了解彼此的需求和进展，为产教融合提供实时支持。

通过与企业深度合作，学生能够接触到真实的工作场景，提升实际操作能力。学生在实践中不仅可以学到理论知识，还能培养解决实际问题的能力。这种能力的提升将为学生未来的职业发展奠定坚实基础。企业导师的参与将为学生的职业规划提供有力支持。导师能够分享自身的职业经验，指导学生更清晰地认识自己的兴趣和发展方向，为未来就业做好准备。这种支持有助于学生更加有针对性地规划自己的职业生涯，提高职业适应能力。

通过与学校合作，企业有机会发现并储备优秀的人才。学校培养的学生在实践中展现出的能力和潜力将为企业的长期发展提供可靠的人才支持。这种人才储备的建设有助于企业更好地适应市场变化，提高竞争力。与学校进行资源共享，企业能够更容易接触到学术界的前沿研究和创新成果。这将激发企业内部的创新能力，促使其更好地适应市场变化。企业与学校的创新合作有助于加速产品研发、提高市场竞争力，并推动整个产业链的升级。

在资源共享的过程中，学校和企业之间可能涉及利益分配的问题。如何在保障双方权益的同时，确保合作的顺利进行，是需要认真考虑的问题。制定合理的合作协议，确保双方都能从合作中获得实质性的利益是解决这一问题的关键。建立一个灵活、高效的合作机制是共享资源成功的关键。建立合作机制需要双方共同明确各自的责任和义务，确保信息流畅、问题能够及时得到解决。

在合作协议中应明确双方的权利和责任，制定合理的资源共享方案。应确保协议对于资源共享的具体内容、合作期限、各自的权益等方面都有明确的规定，这有助于双方在合作过程中防范潜在的矛盾和问题，确保双方的权益。建立定期的合作交流机制，可以加强学校和企业之间的沟通。沟通的加强有助于双方建立互信关系，提高合作的效率。应建立一个公正、透明的评价体系，以确保学生在实践中的表现得到公正评价，从而为企业提供真实可靠的人才信息。这样的评价体系需要由学校和企业共同制定，要充分考虑双方的需求和期望，确保评价的客观性和科学性。

区域行业龙头企业与新工科特色教育资源共享是推动高等教育与产业深度合作的有效途径。通过深度合作，学校能够更好地适应产业需求，而企业也能够在早期发现和培养人才。然而，要实现资源共享的目标，双方需要共同努力解决利益平衡、合作机制和评价体系等方面的问题，确保合作的可持续性和双赢局面。这样的资源共享模式将为新工科特色产教融合提供有力支持，推动教育更好地服务社会和产业发展。通过这种合作，新工科特色教育将更好地满足社会对高素质工科人才的需求，促进产业与教育的深度互动与融合。

7.2 区域龙头企业与高校共建新工科特色产教融合环境

7.2.1 共建产业实践基地

新工科特色产教融合是高等教育发展的前沿方向，旨在培养适应产业需求的创新型工科人才。在这一背景下，龙头企业与高校共建产业实践基地成为推动产教融合的重要手段之一。共建产业实践基地旨在将学校和企业的资源优势充分整合，为学生提供更丰富的实践机会，促使教学更贴近实际需求。通过深度合作，学校能够充分借鉴龙头企业的先进管理经验和实践技术，为学生提供更高质量的产业实践。同时，企业也能在共建基地中挖掘人才、创新技术，实现产业与高校的互利共赢。

共建产业实践基地的首要任务是整合学校和企业的资源，包括学校的教学资源、师资力量，以及企业的实际项目、技术创新等方面的资源。资源整合机制可以确保双方的资源得以充分共享，实现优势互补。产业实践基地需要建立有效的管理机制，以确保基地的正常运行。高效的管理机制能够使产业实践基地更好地服务于教学需求和产业需求。共建基地需要建立起信息共享与沟通机制，以便学校和企业能够及时交流合作信息，为合作的持续推进提供有力支持。

首先，学校与企业需要明确合作的目标、内容和期限，并制定详细的合作协议。协议中应明确各自的责任与权益，以及共建基地的具体规划，为合作奠定基础。设立专门的产教融合工作小组，负责具体的合作事务。小组可以定期召开会议，讨论合作计划，解决合作中的问题，推动资源的共享。产业实践基地需要根据专业特点和企业需求进行教学计划与项目设计。通过与企业合作，学校可以设计符合实际需求的教学内容，确保学生在实践中能够掌握真实的工作技能。在明确教学计划和项目设计的基础上，学校与企业共同出资建设实践基地设施，以支持学生在真实的产业环境中进行实践。共建基地需要一支合适的师资队伍，其中既包括来自学校的教师，也包括来自企业的实际从业人员。多元化的师资队伍可以更好地满足实践基地的教学需求，同时促进学校与企业的深度合作。师资队伍建设需要综合考虑到教学经验、实际项目经验、行业背景等方面的要求。学校和企业可以共同制定师资培训计划，确保教师和企业从业人员都能够具备跨学科、跨行业的专业知识和实践经验。

产业实践基地使学生有机会接触真实的产业环境，提升实际操作技能。通过参与真实项目，学生能够在实践中更好地运用所学知识，增强解决实际问题的能力。在产业实践基地中，学生更容易培养创新意识和团队协作能力。通过参与企业实际项目，学生不仅能够感受到团队协作的重要性，还能够在实践中培养创新思维，提高解决问题的能力。

产业实践基地使企业能够参与学生的培养过程，早期发现并培养优秀人才。通过与学校深度合作，企业有机会为自身培养符合实际需求的专业人才，提高人才的流动性和适应性。在产业实践基地中，企业可以与学校共同进行技术创新和项目合作。学校为企业提供了更广泛的技术资源和创新思维，促进企业更好地应对市场变化，推动产业创新。这种深度合作有助于提升企业的技术水平，推动行业的发展。

产业实践基地有助于推动地方产业的转型升级。通过高校的培训和企业的技术创新，地方产业将更好地适应市场需求，提高整体竞争力。产业实践基地将促进产业与教育的深度融合。学校通过与企业的合作可以更好地理解产业需求，而企业通过与学校的合作可以得到更丰富的人才和技术支持。这种深度融合将促进产业和教育的良性互动。

在共建过程中，学校和企业之间可能存在利益分配和合作机制方面的问题。如何平衡双方的利益是产业实践基地面临的首要挑战。为了应对这一挑战，双方在合作前应充分沟通，明确双方的期望和需求。制定合作协议时，双方可以采取灵活的合作机制，根据合作项目的性质和阶段进行调整。此外，可以设立独立的合作协调小组，负责处理合作中的具体问题，保障合作的顺利进行。

产业实践基地需要学校和企业共同设计培养方案和课程。如何确保培养方案符合企业实际需求，以及课程设计能否有效地提升学生的实际操作能力，是需要认真考虑的问题。在设计培养方案和课程时，学校和企业应建立起紧密的合作关系。双方可以通过以下方式加强合作。①需求调研与定期评估：在项目启动前进行充分的需求调研，了解企业实际需求和行业趋势。同时，在合作的不同阶段进行定期的评估，根据反馈结果调整培养方案和课程设计，确保其与市场需求保持一致。②双向交流机制：建立双向的交流机制，使企业能够及时向学校反馈行业变化和技术需求，同时学校也能向企业更新学科知识和培养方案。这种交流机制有助于双方更好地理解对方，推动课程设计与实际需求的紧密结合。

为了解决利益分配和合作机制问题，学校和企业需要制定明确的合作协议。协议中应包括双方的权利和责任，确保双方在合作过程中都能够得到实质性的利益。制定协议时，可以借鉴成功案例，充分考虑双方的核心利益点，确保协议的公平性和可执行性。为了保证人才培养方案和课程设计的有效实施，应建立高效的沟通机制。定期召开合作会议，建立专门的沟通平台，确保学校和企业之间能够清晰地交流信息，及时解决合作中的问题。双方要保持密切联系，确保合作中的问题能够及时得到解决，从而推动共建产业实践基地的顺利运行。为了评估合作的效果，学校和企业需要共同制定合适的评估体系。双方共同参与，确保评估体系能够全面客观地反映产业实践基地的运作情况。评估体系可以包括学生综合素质、项目实施效果、企业满意度等多个方面，以全面衡量合作的成果。通过评估体系的建立，双方可以更好地了解合作的优势和不足之处，为今后的合作提供改进方向。

共建产业实践基地是龙头企业与高校新工科特色产教融合的有效途径之一。通过资源整合、管理机制建设、信息共享和实施路径的明确，产业实践基地能够为学生提供更为实际的实践机会，为企业提供更多人才和技术支持。通过制定明确的合作协议、建立高效的沟通机制和共同制定评估体系，双方能够更好地推动合作的深入发展。共建产业实践基地不仅对学生、企业有着深远的影响，也有助于推动地方产业的升级和产业与教育的深度融合，为社会的可持续发展注入新的活力。

7.2.2 双向人才培养机制

当今社会，新工科特色产教融合逐渐成为高等教育的主流趋势。龙头企业与高校共建的新工科特色产教融合是为了更好地培养适应实际需求的工程科技人才而提出的一种合作模式。在这一模式中，双向人才培养机制作为核心组成部分，旨在通过学校与企业之间的深度合作，实现人才培养的双向交流，更好地满足产业的需求。双向人才培养机制的提出旨在超越传统的单向教育模式，使学校和企业之间不再是简单的学习与提供实习的关系，而是建立起一种更为深入、全面的合作模式。这对于提高学生的实际操作能力、促进企业技术创新、推动产业升级具有深远的意义。

在双向人才培养机制中，学校通过建立与企业的紧密联系，致力于深入了解企业的技术需求、发展方向和未来趋势。企业在双向沟通中扮演着关键的角色，它们向学校传递实际工作中的挑战、行业前沿技术和未来发展趋势。通过这种沟通，企业不仅仅是为学校提供信息，更是为学校的课程设置、实践项目的调整提供专业意见。这种双向沟通机制确保了学校可以更好地把握产业发展动态，使教育更贴近实际需求。

在双向人才培养机制中，学校积极参与到企业的实际项目中。通过与企业深度合作，学校的教师和学生能够在真实的工作环境中参与项目。这种参与不仅仅是为了学术研究，更是为了让学生置身于真实的产业环境中，培养他们更好地解决实际问题的能力。在实践项目中，企业可以为学生提供实践导师，实践导师不仅仅是对学生进行技术上的指导，更要为他们提供行业内的经验和见解。这种个性化的指导有助于学生更深入地理解企业的运作方式、业务需求，并且从实践中获得更为丰富的经验。

通过双向人才培养机制，学校与企业共建研究实验室，为学生提供更先进的实验设备和研究平台。在这个实验室中，企业的专业技术人员与学校的研究人员能够深度合作，共同开展前沿科研项目。这种产学研合作不仅推动了科研的深入，更培养了学生的创新能力。在双向人才培养机制中，学校与企业可以进行联合科研项目。通过联合科研项目，学生能够直接参与到实际问题的解决中，获得更为深刻的研究经验。这种实践不仅丰富了学生的研究经历，也促进了学校与企业的深度合作。

为了更好地推动双向人才培养机制的实施，可以设立专门的双向人才培养机构。这一机构的设立旨在协调学校与企业之间的合作事务，确保双方能够有一个中立、专业的平台进行沟通与协调。机构需要由学校和企业共同管理，以实现更高效的合作。为规范双向人才培养机制的运作，学校和企业需要共同制定相关政策和规定。这些政策和规定应涵盖合作的具体程序、资源的共享方式、利益分配机制等方面，确保双方在合作中有明确的权利和责任。通过这种制度性的规范，双方能够更清晰地了解彼此的期望，为合作提供稳定的制度支持。

为更好地实现双向人才培养，学校可以在课程设置中进行学科交叉。通过设立跨专业的实践项目和课程，学生能够获得更广泛的知识和技能，更好地适应未来工作的多样性和综合性。学科交叉有助于培养具备跨领域思维的综合型人才。学校和企业可以共同打造实践基地，为学生提供更为丰富的实践机会。通过实践基地，学校能够更好地将理论知识与实际操作相结合，提升学生的技能。共建实践基地还可以降低学校和企业在资源投入上的成本，实现资源的互利共赢。

为了更好地实现双向人才培养，可以邀请企业的专业人才参与教学工作。企业人才可以作为兼职教授、讲师等，参与课程设计和实践指导。他们能够分享实际工作中的经验，让学生更深入地了解行业的实际运作情况。为了更好地理解企业的实际运作和技术需求，学校教师可以参与企业的实习和行业交流。通过亲身体验，教师能够更好地把握产业动态，将最新的行业信息带回课堂，保持教学内容的前沿性和实用性。教师的实际参与有助于打破学校和企业之间的界限，促进更深层次的合作。

通过双向人才培养机制，学生能够更好地适应实际工作环境，具备更为实用的技能和经验。这使得他们在就业市场上更具竞争力，更容易融入企业团队，成为企业需要的优秀人才。这对学生的职业发展起到了积极的推动作用。双向人才培养机制将实践项目融入课程，使学生在实际操作中学习理论知识。这种深度融合有助于提高教育质量，培养学生解决实际问题的能力。学校可以更灵活地调整课程内容，使之更符合产业实际需求，推动教育的创新与发展。

在双向人才培养机制中，学校和企业之间可能存在利益分配的问题。企业提供实践机会和资源，期望得到合适的人才；学校提供教育资源和培养学生，期望得到企业的支持。解决这一问题需要双方在合作初期明确权益和责任，建立合理的利益分配机制。一种可行的解决方案是建立双方共享成果的机制，通过合理的分成方式，让双方在合作中都能够获得相应的利益，达到互利共赢的目标。建立和运行双向人才培养机制涉及学校和企业的多个方面，包括机构设置、师资队伍建设、资源整合等。

未来，双向人才培养机制将更加注重智能化技术的应用。随着人工智能、大数据等技术的发展，虚拟实验室、远程实践等技术手段将为学校和企业提供更为便捷和高效的合作方式。通过智能化的教育工具，学生可以在虚拟环境中进行实践，拓宽实际操作的范围，提高实践能力。随着全球化的发展，双向人才培养机制将更加注重国际化合作。学校和企业可以与国际企业、研究机构合作，引入国际先进的教育资源和实践经验。这有助于培养具有国际视野和跨文化沟通能力的人才。未来，双向人才培养机制可能更加趋向行业定制化。随着各行业的发展和不断变化，学校和企业需要更灵活地调整培养方案和课程设置，以适应不同行业的特殊需求。这将要求机制具有灵活性和敏捷性，能够及时响应市场变化，从而培养更符合行业需求的专业人才。

双向人才培养机制作为龙头企业与高校共建新工科特色产教融合环境的关键组成部分，具有显著的优势和潜力。通过双向沟通机制、实践项目融入课程、产学研合作等方式，能够实现学校和企业之间的深度互动，促进人才培养更符合实际需求。在未来发展中，机制可能面临一些挑战，如利益分配问题和机制运行的复杂性，但通过建立合理的制度和规定、加强沟通与协调，这些问题是可以逐步克服的。未来，双向人才培养机制有望在智能化技术、国际化合作、行业定制化人才培养等方面取得更为显著的成果，为培养更具实际能力和国际竞争力的人才作出更大的贡献。

7.2.3 信息共享与沟通机制

随着新工科特色产教融合模式的兴起，龙头企业与高校的合作越发紧密。在这一合作模式中，信息共享与沟通机制是确保合作顺利推进的关键因素之一。信息共享和沟通的畅通与否，直接影响到双方是否能够深度理解对方的需求、资源和计划，进而确定合作是否能够实现互利共赢。建立健全的信息共享与沟通机制有助于提高双方的合作效率，促使双方更好地融合各自的优势资源，进一步推动产教融合的深度发展。

在新工科特色产教融合中，高校需要深入了解龙头企业所在行业的动态，把握最新的技术、市场和政策信息。通过建立信息共享平台，企业可以及时将产业发展趋势、技术创新动态等信息传递给高校，使高校更具前瞻性地调整课程设置、科研方向等。通过信息共享，高校可以更深入地了解企业对人才的具体要求。企业可以通过明确的需求信息，指导高校调整人才培养计划，使培养出的学生更符合企业的实际用人需求。

信息共享与沟通机制在项目合作中起到了桥梁作用。高校可以通过及时了解企业的项目计划和需求，更好地调整课程内容，为学生提供与实际项目相匹配的培养方案。同时，企业也能及时获取高校的培养进展情况，为项目合作提供实时的反馈。实践项目是产教融合中的重要环节，通过信息共享，双方可以更好地协调项目安排、资源投入等事宜。高校能够及时了解企业的实践资源，而企业也可以随时了解学生在实践项目中的表现，提供针对性的指导和支持。

在信息共享与沟通机制下，高校可以邀请企业的专业人才参与教学。企业专业人才可以分享最新的行业知识、实际工作经验，为学生提供更为实用的教学内容。通过定期的沟通，高校可以更好地了解企业专业人才的教学计划，使教学更加贴近实际需求。信息共享与沟通机制为教师实习和行业交流提供了有力支持。高校可以通过与企业建立的信息平台，更加灵活地安排教师实习，使教师能够深入了解企业运作，并将实际经验融入教学中。企业也可以通过这一机制邀请高校教师参与企业的行业交流活动，促进双方更深层次的合作。

为确保信息能够双向传递，双方可以建立一个信息共享平台。该平台应具备及时更新、易于操作、可跟踪反馈的特点，使双方能够随时随地获取对方的信息。建设信息共享平台的同时，需要制定明确的信息共享标准与流程，明确信息的分类、更新频率、传递方式等规范，确保信息的准确性和及时性。制定详细的信息更新计划可以确保双方在合作中能够始终保持信息畅通。

定期的沟通会议是确保信息畅通的有效方式之一。通过定期会议，双方可以就合作计划、项目进展、需求变化等进行及时的面对面的沟通。这有助于高校与企业建立更为紧密的合作关系，解决合作中的问题，推动产教融合合作的深入发展。高校与企业的领导层对接是确保战略合作的重要环节。通过领导层的对接，双方能够更深入地讨论合作的战略方向、长远规划等重要事项。这有助于建立战略性的合作伙伴关系，使双方在产教融合中共同追求卓越。

为更好地推动信息共享与沟通机制，双方可以设立专门的产教融合专职团队。该团队负责信息的搜集、整理、传递，并协助解决合作中的问题。专职团队将使合作更为专业化、高效化。在高校和企业内部，涉及合作的多个部门需要密切协同工作。跨部门的协同机制可以使信息在高校内部和企业内部流畅传递。这有助于解决合作中的跨部门协同问题，推动合作的有序进行。

建立信息共享与沟通机制可能涉及信息安全问题，尤其是涉及敏感信息时存在信息泄露的风险。在建设信息共享平台时，需要采取一系列的安全措施，确保信息传递的安全性。在信息传递过程中，可能出现沟通效率不高的问题。这可能源于信息共享平台的不便利、信息传递流程的不畅等。对此，需要不断优化信息共享与沟通机制，提高效率。

针对信息泄露风险，双方可以加强信息安全管理，如采用加密技术、权限管理等手段，确保敏感信息得到妥善保护。同时，应制定完善的信息共享政策和法规，加强对相关人员的安全培训，提高信息安全意识。为提高沟通效率，可以对信息传递流程进行不断的优化，如引入智能化工具，简化信息的录入、传递和反馈流程，减少烦琐的手工操作。为确保信息共享与沟通机制的顺利推进，双方需要加强相关人员的培训与意识宣传。培训内容包括信息共享平台的使用方法、安全注意事项等，以提高相关人员的操作技能和安全防范意识。

随着人工智能和大数据技术的不断发展，未来的信息共享与沟通机制将更加智能化。通过引入智能算法，系统能够更好地分析双方的信息需求，实现信息的个性化推送，提高信息传递的精准度。未来，信息共享与沟通机制将更加注重跨平台协同。不同系统之间的信息流通将更为顺畅，高校和企业可以通过各自的信息系统实现无缝对接，提高合作的协同效率。未来的信息共享与沟通机制将更加注重数据分析与决策支持功能。通过对信息共享平台上的大量数据进行分析，双方可以更好地了解合作中的关键节点、问题症结，并据此作出更科学的决策，提升合作的战略水平。

信息共享与沟通机制在龙头企业与高校共建新工科特色产教融合环境中具有不可替代的重要性。通过建立健全的信息共享平台等手段，能够有效促进高校与企业之间的紧密合作，实现资源共享、需求互通。然而，在建立和推动信息共享与沟通机制的过程中，仍然存在信息安全、沟通效率等方面的挑战。通过加强信息安全管理、优化流程、智能化引入等策略，高校和企业可以更好地应对这些挑战。展望未来，信息共享与沟通机制将更加智能化、协同化，从而为产教融合提供更加强大的支持。

7.3 区域行业龙头企业对接新工科特色产教融合路径

7.3.1 打造新工科特色产业导向路径

新工科特色产教融合是当前高等教育领域的一项重要改革措施，旨在更好地培养适应产业发展需求的高素质人才。在这一背景下，区域行业龙头企业发挥着关键作用，与高校共同打造新工科特色产业导向路径，对于促进人才培养、推动产业发展具有重要意义。新工科特色产业导向路径旨在通过深度合作，使高校与行业龙头企业形成紧密的产教融合关系。通过产业导向路径的建设，高校可以更好地满足行业对人才的需求，学生将获得更实际的职业培养，而行业龙头企业也能从中获得技术创新、人才储备等方面的支持，实现互利共赢。

行业龙头企业通常处于技术创新的前沿，对于拥有创新能力的工科人才有着迫切需求。通过深入了解企业的技术发展方向，高校可以调整课程设置，培养更具创新能力的学生。产业对于专业技能的需求是高度精准的，需要毕业生具备行业实际工作所需的技能。因此，通过与企业合作，高校可以更好地了解行业的专业技能需求，有针对性地进行人才培养。

新工科特色产业导向路径的核心是培养具有综合素质的人才。除了专业技能外，高校还需要注重对学生的创新能力、团队协作能力、沟通能力等方面的培养，使其更好地适应产业发展的多元化需求。与企业深度合作的过程中，高校应当将学生的职业发展规划作为人才培养的核心内容。通过行业龙头企业的实际经验分享，学生能够清晰地了解行业发展趋势，从而为将来的职业发展制定合理的规划。

通过与企业深度对接，高校可以调研企业的实际需求，结合行业前沿技术和发展趋势，调整并优化课程设置。课程内容应该贴近产业，包括但不限于最新技术、行业标准、实际案例等。新工科特色产业导向路径强调对综合素质的培养，因此课程设计应该跨学科融合。例如，将工程学科与管理学科相结合，培养学生的项目管理能力；将计算机科学与人文社科相结合，培养学生的跨界思维能力。

通过与企业的深度合作，高校可以开发与产业相关的实践项目，这些项目可以涵盖从基础研究到应用开发的多个层面，旨在让学生在实际项目中锻炼技能、应对挑战，并更好地理解产业实践的要求。这样的实践项目可以为学生提供更为真实的职场体验，增强其实际操作能力。培养学生的创业精神和团队协作能力，可以通过与企业合作创建创业实践基地，提供资源支持、导师指导等方式来实现。创新创业项目的开发有助于培养学生的创新意识和实际问题解决能力。

建立学术导师制度，为学生提供专业的学术指导。学术导师既要具备学科专业知识，又要了解产业需求，以便更好地指导学生的研究和实践项目。学术导师可以通过与企业导师的协同工作，促进学术与实际的结合。引入企业导师，使产业导向路径更贴近实际产业需求。企业导师可以是行业龙头企业的技术专家、项目负责人等，他们能够为学生提供实际项目经验，引导学生更好地理解产业要求，培养学生在实际工作中所需的技能。

建立联合研究中心，整合高校和企业的研究资源。这样的中心既能促进产学研的深度融合，又能为学生提供更广阔的科研平台，培养其创新能力。将高校的科研成果与企业需求相结合，推动技术转移和产业化。高校可以通过产业合作了解企业的需求，有针对性地开展科研项目，而企业则能够获得先进技术的支持，实现产业创新。加强实验室建设，为学生提供更好的实践平台。实验室可以根据产业需求配置相应的设备和实验方案，使学生能够在实际操作中学到更多实用技能。高校可以提供有力支持，为有创新意愿的团队提供项目申报指导、资源支持等，从而通过与企业联合申报项目，推动产学研深度合作，促进科研创新。

高校可以建立实习实训绩效评估体系，对学生在实际项目中的表现进行全面评价，包括对实际操作技能、团队协作能力、解决问题的能力等多方面的评价。企业导师和学术导师可以共同参与学生绩效的评估，考核学生在职场中的适应力，包括对企业文化的理解、沟通协作能力、解决实际工作中遇到问题的能力等。通过企业导师的反馈和学术导师的评估，学生可以形成全面的职业素养。企业导师和学术导师可以共同参与项目完成度的评估，提供全面的反馈。

建立高校内部的产教融合质量保障体系，包括教学资源的管理、实践项目的监控、导师制度的落实等。高校和企业可以邀请外部专家对产业导向路径进行定期的质量评估。外部评估可以提供独立的、客观的评价意见，为高校和企业在产教融合中的不断改进提供指导。

建立学生、企业导师、学术导师之间的反馈机制。高校和企业可以定期收集他们对产业导向路径的建议和意见，通过持续的反馈，及时发现问题并进行调整。高校和企业可以为参与产业导向路径的教学团队提供定期的培训，使教师始终保持对产业的敏感度。

未来，更多的高校与企业将深度合作，建立产业导向路径。这不仅可以满足行业对人才的需求，还有助于推动新工科特色产教融合的不断深入。随着产业的发展，未来的产业导向路径将更加注重跨学科综合素质的培养。学生需要具备更强的跨界能力，能够在不同领域中工作。高校和企业之间的合作将更加国际化，这可以拓宽产业导向路径的国际视野，提升学生的国际竞争力。

产业导向路径的建设是新工科特色产教融合的关键环节，而区域行业龙头企业在其中扮演着不可替代的角色。新工科特色产业导向路径不仅可以更好地满足产业对人才的需求，也能够促进高校与企业的共同发展。在未来，随着教育理念的不断创新和产业发展的深入，产业导向路径将成为高等教育的重要发展方向，为培养更符合产业要求的高素质人才提供有力支持。

7.3.2 打造新工科特色教育体系路径

在区域行业龙头企业对接新工科特色产教融合路径下，打造新工科特色教育体系是一项具有重要战略意义的任务。新工科特色教育体系的构建不仅涉及高校的教育理念和体系，还需要与企业密切合作，充分借鉴先进的产教融合经验。

在构建新工科特色教育体系的初期，迈出的第一步是更新教育理念。传统的教育模式强调学科知识的灌输，但新工科特色体系应更加注重培养学生的实践能力、创新思维和团队协作精神。理念的更新涉及课程目标、教学方法和评估体系的全面变革，要确保培养出的学生具备未来行业所需的综合素养。构建新工科特色教育体系需要科学且全面的课程设置。课程体系应贴近产业发展需求，融入最新的科技趋势。高校要设立基础理论课程、专业实践课程、跨学科融合课程等多层次、多方向的课程架构，确保学生既具备扎实的专业知识，又能够在不同领域间进行有机整合。新工科特色教育体系强调实践能力的培养，因此实践环节的设置至关重要。实验室实践、企业实习、项目实践等形式应得到充分重视。通过真实项目的参与，学生能够更好地将理论知识转化为实际操作技能，并在实践中锻炼解决问题的能力。

与企业的深度合作是新工科特色教育体系成功的关键。应建立战略性的合作框架，包括联合培养计划、共建实验室、企业赞助项目等。引入企业导师制度，将企业专业人才引入学校，为学生提供实际职业导向的指导。企业导师能够帮助学生更好地理解行业动态，了解实际工作中的挑战，并为学生提供更为个性化的职业规划建议。共建产业创新研究中心是学校与企业深度合作的一种形式。在该中心内，学术界和产业界的专业人才可以共同进行前沿技术的研发与创新，推动双方在科研和产业应用上的良性互动，为培养具备创新精神的工科人才提供更为丰富的资源。

新工科特色教育体系应该通过强化创新创业教育，培养学生的创业精神和创新意识。新工科特色教育体系可以通过引入创业导师、开设创业实践课程、组织创业比赛等方式，激发学生的创业潜力，使他们在未来能够积极主动地应对职业挑战。考虑到学生个体差异，新工科特色教育体系应拓展专业方向，提供更多选择，如通过选修课程、实践项目等方式，满足学生在特定领域的深度学习需求，使其更好地发现和发展个人兴趣和潜力。在实践过程中，建立持续优化的反馈机制至关重要。通过学生评价、企业反馈、校企联合评估等多方面的信息，新工科教育体系可以及时调整课程设置、实践环节，确保自身能够与时俱进，不断适应产业和市场的变化。

新工科特色教育体系应密切关注行业发展趋势，建立灵活的课程更新机制，定期对课程内容进行评估和更新，确保学生接受的知识与最新科技发展保持同步。此外，应引入行业专家进行定期课程评审，以确保培养的学生具备最前沿的专业知识。新工科特色教育体系应与国际一流大学、研究机构建立紧密的合作关系，通过开展双学位项目、交流学生与教师，引入国际化的教育资源和先进的教育理念。国际化合作将有助于培养具备国际竞争力的工科人才，拓展学生的国际视野。新工科特色教育体系应建立多元化的评价体系，包括项目评估、实习成果、创新实践等多方面的评价手段，通过多元化评价，更全面地了解学生的实际能力和潜力，为企业提供更为准确的人才选拔参考。

新工科特色教育体系应当积极投身社会服务，为地方产业升级提供支持。学校与企业共同设立产业研究基地，通过技术咨询、解决方案提供等方式，为地方企业提供专业支持，推动整个产业链的升级和优化。为了更好地实现校企深度合作，可以进行校企文化融合。定期的企业文化体验、企业家分享会等活动，可以促使学校师生更好地了解企业文化，增进校企之间的沟通与理解。同时，企业也能更好地了解学校的教育理念和培养目标，与学校形成更为紧密的合作关系。新工科特色教育体系应建立健全的就业服务体系，包括职业规划咨询、实习实训机会提供、就业信息发布等。学校与企业可以联合举办招聘会、行业交流活动，搭建学生与企业沟通的桥梁，为学生提供更多的职业发展机会。

在新工科特色教育体系的建设过程中，学校与企业可能面临一系列挑战，包括教师培养、学生适应能力的改进、课程体系的不断优化等。这需要学校与企业共同努力，不断总结经验，及时解决问题。学校与企业可以设立问题反馈机制，定期召开经验交流会，推动体系的不断优化和进步。新工科特色教育体系的不断完善，将为培养更具实践能力和创新精神的工科人才提供坚实的基础。同时，由于与企业的深度合作，学校的教育资源将更好地融入产业体系，为企业提供更多高素质的人才。未来，这一体系有望成为国家工科教育的典范，为社会发展提供源源不断的创新动力。

打造新工科特色教育体系是一项艰巨而长远的任务，需要学校、企业、政府等多方力量的共同参与。通过深度的校企合作、灵活的课程体系设计和对学生全面素养的培养，新工科特色教育体系有望在未来取得更为显著的成果。这一体系不仅将为学生提供更广阔的职业发展空间，也将为区域产业升级、社会可持续发展贡献更大的力量。

7.3.3 打造新工科特色人才培养路径

在当今科技迅速发展的时代，新工科特色人才培养成为高等教育的当务之急。新工科特色人才培养路径的首要任务是更新教育理念。传统的工科教育注重理论知识的传授，而新工科特色人才培养更强调实践能力、创新思维和团队协作。理念的更新涉及对课程体系、实践环节和评价机制的全面调整，以更好地满足当前和未来产业的需求。在新工科特色人才培养路径中，核心目标应当明确为培养具备跨学科综合素养、实践动手能力和创新意识的工科人才。这种人才不仅要具备扎实的专业知识，还应当具备解决实际问题的能力，能够迅速适应科技发展的变化，为产业提供创新动力。

新工科特色人才培养的核心在于课程的设计。应该建立贴近产业需求的课程体系应围绕新工科的前沿技术和发展趋势展开。课程设置应该包括基础理论课程、实践技能课程、创新实践课程等多个层次，从而形成系统完整的学科结构。实践路径是培养实践能力的有效途径。应当加强实践环节的设置，包括实验课、项目实践、企业实习等。通过与企业的深度合作，高校应将实际问题引入实践路径，使学生能够在真实场景中运用所学知识解决实际问题，提高学生的实践动手能力。为了满足不同学生的兴趣和需求，高校应设计灵活的专业方向，通过开设选修课程、实践项目等方式，允许学生在特定领域深入学习，形成个性化发展路径。

第8章 区域行业龙头企业支撑新工科特色产教融合发展模式与路径选择

8.1 区域行业龙头企业支撑新工科特色产教融合发展模式

8.1.1 学科和产业融合

学科与产业融合的本质是构建知识生产与产业需求之间的动态适配系统，其核心在于通过结构性调整实现教育供给与产业需求的高效匹配。在顶层设计层面，需建立“产业需求牵引—学科能力供给”的双向驱动模型，通过产业技术路线图与学科发展路径的耦合分析，形成学科建设的动态调整机制。具体而言，应构建产业需求图谱，运用大数据技术对区域产业链进行全维度扫描，识别关键领域的技术缺口与人才缺口，例如在新能源产业中精准定位电池材料研发、储能系统集成等核心环节的学科需求。同时，建立学科能力图谱，将现有学科资源转化为可量化的技术模块，通过矩阵式匹配实现供需精准对接。在实施路径上，应建立三级协同创新体系：基础层依托龙头企业建立产业研究院，聚焦共性技术攻关；应用层构建校企联合实验室，开展定向技术开发；转化层设立技术转移中心，推动专利成果产业化。教学体系需同步重构，将产业技术标准转化为课程模块，例如将汽车行业的AUTO-

SAR标准嵌入车辆工程专业课程，形成“标准—知识—能力”的转化链条。评价机制需突破传统学术导向，引入技术成熟度评估体系，将科研成果的产业化进度、技术许可收入等纳入学科评估指标，形成知识价值实现的闭环反馈。

8.1.2　教师和工程师融合

教师和工程师融合有利于教师了解社会需求和行业发展动态，从而更加高效地进行调查研究；能够让教师真正成为既能指挥“作战”，又能上场“打仗”的实践家。教师与工程师的深度融合需要构建跨界的职业发展生态系统，其关键在于打破制度壁垒与认知边界，形成能力互补的协同育人机制。

在制度设计层面，应建立“双聘双考”制度，企业设立“产业教授”岗位，高校设置“工程实践教授”岗位，允许教师与工程师在保留原单位身份的前提下进行岗位互换。

在能力培养方面，构建“三维能力提升模型”：在技术维度，通过企业技术委员会与高校学科组的联合教研，实现工程经验与理论知识的双向转化；在教学维度，开发“工程案例教学法”，将企业真实项目拆解为模块化教学资源；在创新维度，组建跨学科攻关团队，围绕产业痛点开展应用基础研究。企业应发挥自身在“双师型”教师培训中的主导作用，建立“教师工作站”，依从职业院校教师培训“项目—任务—知识、技能、态度—能力—职业特质”的逻辑关系，设计职业岗位实践任务和不同年度的培养方案。

在协同育人环节，需设计“双导师螺旋培养体系”，工程师负责技术路线的可行性验证，教师侧重方法论的系统构建，两者在毕业设计、学科竞赛、创新创业等环节形成接力式指导。

评价体系需重构价值标准，构建“基础+发展”相结合的评价体系，将教师参与企业技术改造的实效、工程师开发教学资源的数量和质量等纳入绩效考核，同时建立职业资格互认通道，如工程师参与教学可折算继续教育学时、教师的工程实践经历可作为职称晋升条件。省级层面要制定企业参与“双师型”教师队伍建设的利益补偿和财税优惠政策，建立校企协同“固定岗+流动岗”的教师管理机制，围绕“资格+职称+经验+技能+绩效”框架范畴，构建服务区域产业发展的多层次、多类型、多样化的教师专业能力认定标准。

8.1.3 学生和工匠融合

学生与工匠融合是构建现代工程能力与传统技艺传承的复合培养体系，其本质在于实现显性知识与隐性知识的协同传递。在培养目标层面，需建立“T型能力模型”，纵向深化专业技术能力，横向拓展工匠精神素养，将精益求精、持续改进等职业特质量化为可评估的行为指标。课程体系需设计“三阶递进式”实践教学链：在认知阶段，通过工匠工作坊进行技艺观摩，理解传统工艺的底层逻辑；在技能阶段，实施“现代技术+传统工艺”对比训练，如将数控加工与传统锻造结合起来进行教学；在创新阶段，开展技艺改良项目，运用数字化工具优化传统工艺流程。在知识传递机制上，构建“双通道学习模型”：显性知识通过标准化课程体系传授，隐性知识依托师徒制进行情境化传递，建立工匠操作视频库、工艺口诀集等立体化教学资源。评价系统需引入多元主体评估，除技术指标外，增设工艺完成度、资源利用率等工匠精神维度，并建立技艺创新积分制度，鼓励学生将传统元素融入现代产品设计。在保障体系方面，应加强对工匠精神的政策引导，优化社会环境、学校环境，合理利用文化载体培育工匠精神；设立技艺传承基金，构建校企共建的技艺创新中心，为传统工艺的现代化转型提供技术支撑。

8.1.4 理论和生产融合

理论和生产融合是指理论教育必须和生产实践相结合。高校在进行人才培养的过程中要坚持理论联系实践，指导学生在掌握一定科学理论的基础之上再进行创新，以学生之创新能力推动企业之创新发展。

理论与生产融合的核心是构建知识应用的价值转化通道，其关键在于建立教育内容与生产系统的动态映射关系。在知识体系重构方面，采用“逆向工程”思维，按照产品全生命周期管理流程重组教学内容，形成需求分析、设计开发、生产制造、运维服务的知识模块链。例如，在智能制造领域，将工业工程、质量控制、设备管理等课程整合为“生产系统优化”课程群。在教学模式创新方面实施“问题链教学法”，从企业搜集真实生产问题形成教学案例库，通过“问题拆解—理论溯源—方案设计—实践验证”四步法，培养学生的系统思维能力。在技术支撑层面，构建“数字孪生教学平台”，通过5G+工业互联网实现生产现场数据实时回传，在虚拟环境中构建与物理车间同步的数字镜像，使学生可进行工艺参数优化、故障诊断等沉浸式学习。标准对接机制需将ISO9001质量管理体系、IEC国际标准等融入课程标准，开发“标准解读—技术实现—合规验证”教学模块。评价体系应建立“理论应用度”指标，重点考核学生运用理论知识解决复杂工程问题的能力，形成“知识掌握—应用能力—生产效益”的递进式评价模型。

8.1.5　课堂和车间融合

课堂和车间融合是指课堂车间化、车间课堂化，这不是指老师必须把学生带到车间上课，而是泛指在上课的过程中让学生有身临真实工作环境的感受，对实际工作中的各项设施设备和工艺流程等资源有直观的认识，并能够运用这些资源开展工作。课堂与车间融合的本质是构建教育空间与生产空间的功能复合体，其核心在于实现教学流程与生产流程的深度耦合。

在空间设计方面，采用“教学工厂”的理念，按照真实生产环境建设实训基地，划分理论教学区、虚拟仿真区、物理操作区三大功能模块，配置可重构的柔性生产线，满足多品种小批量教学需求。教学过程实施“工单驱动”模式，将生产订单转化为教学项目，设计包含工艺文件、质量检测表、设备操作手册的标准化教学包。例如，在电子制造课程中，学生须完成从PCB设计、SMT贴装到功能测试的全流程任务。在时间管理方面，采用“生产节拍同步法”，根据工艺周期弹性设置教学单元，对长周期工序采用项目制教学，对短周期操作开发微课资源库。在质量控制系统方面，构建“双环反馈机制”：在内环，通过制造执行系统（Manufacturing Execution System，MES）采集学生操作数据，自动生成技能雷达图；在外环，引入企业质量工程师进行过程审核，形成“数据诊断—教学改进—能力提升”的闭环。在师资配置方面，实行“双师协同授课”，理论教师讲解技术原理，企业技师示范实操要点。

8.1.6 作品和产品融合

作品和产品融合是指师生的作品不仅要符合科学规律，具有先进性与创新性，还要有可实施性和一定的市场接受度，能被转化为产品，满足社会的需求。广大师生的作品只有从学校转移到企业，用先进新产能逐步替代落后旧产能，使新产品增加、工艺进步、效益增长、质量提高，才能创造出新产业、新岗位，为我国经济社会发展提供有力支持。

作品与产品融合的目标是构建教育创新与市场价值转化的桥梁，其核心在于建立从创意到商品的完整孵化链条。在开发流程上，实施“产品化教学设计”，要求所有实践环节遵循集成产品开发（integrated product development，IPD）流程，涵盖市场需求分析、概念设计、工程验证、试产导入等阶段。例如，在工业设计课程中，学生作品中须包含用户调研、成本核算等商业化文档。在评价体系方面构建“三维价值评估模型”：在技术维度考察创新性与可行性，在市场维度评估商业潜力与竞争壁垒，在社会维度衡量可持续发展价值。在设立由企业研发人员、市场营销人员、知识产权专家组成的联合评审委员会，对毕业设计进行商业化可行性认证。在转化服务方面，搭建“四级孵化平台”：校级创客空间提供原型制作支持，产业园加速器负责中试验证，龙头企业开放供应链资源，政府引导基金提供市场化融资。在产权管理方面，实行“前置确权”制度，明确校企双方在作品商业化中的权益分配比例，设立学生创新股权池，允许学生以技术入股的方式参与创业。在收益反馈机制方面，设计“创新反哺回路”，将产品化收益按比例注入教育基金，用于设备更新、竞赛资助、创新奖励，形成可持续发展的产教融合生态。

8.2 区域行业龙头企业支撑新工科特色产教融合路径

8.2.1 政策引导机制创新，构建产教融合制度体系

政府主导构建产教融合制度体系，发挥顶层设计作用，通过立法保障与政策激励双轮驱动。明确企业参与教育的权利义务，对深度参与产教融合的龙头企业可以给予增值税减免、企业所得税加计扣除研发费用等税收优惠，并将校企合作投入纳入企业社会责任评价体系。建立省级产教融合专项基金，对校企共建产业学院、实训基地等项目按一定比例配套资金，同时设立风险补偿金池，对合作研发失败项目给予损失补偿。完善跨部门协同机制，成立产教融合办公室，整合教育、工信、科技等部门资源，建立“需求清单—项目清单—责任清单”三单管理机制，每季度召开联席会议解决土地审批、设备进口免税等实际问题。实施产教融合示范区建设计划，在高新技术开发区划定专属用地，对入驻校企给予租金减免政策，配套建设人才公寓与共享实验室。

行业组织发挥桥梁纽带作用，构建标准互认与资源整合平台，制定地方产教融合型企业发展评价标准，将技术资源开放度、教学参与深度等纳入企业评级体系，对达标企业授予“产教融合示范单位”称号并给予采购优先权。建立行业人才需求动态监测系统，定期发布细分领域技术人才缺口报告，开发“岗位能力—课程体系”智能匹配算法，推动行业技术标准转化为教学标准。吸纳高校教授、企业技术总监、行业专家组建产教融合专家委员会。搭建行业级产教融合云平台，集成企业真实项目案例库、设备共享预约系统、师资培训课程等资源，实现校企资源精准对接。

龙头企业承担主体责任，构建资源开放与价值共创机制。企业需设立产教融合专项预算，按年营收0.8%～1.2%提取资金用于校企合作，成立产教融合事业部门，配备专职团队负责项目对接。开放核心资源，将5G基站建设、智能工厂改造等真实项目拆解为教学模块，每年提供生产线实训机会，允许

高校师生访问企业MES/ERP系统脱敏数据。联合高校共建“双师型”队伍，选派技术骨干担任产业教授，实行弹性工作机制，开发基于真实工程场景的案例教学资源包。将企业技术难题转化为毕业设计选题，设立“揭榜挂帅”机制，对攻关成功的学生团队给予专利共同申请权及成果转化收益分成。参与人才培养全过程，从专业设置论证到课程大纲修订，从实训设备选型到毕业答辩评审，企业专家全程深度介入。

高校构建敏捷响应与协同育人体系，重构课程体系，按照“基础通用模块（30%）+行业特色模块（40%）+企业定制模块（30%）”结构开发课程，引入企业真实项目作为毕业设计选题。实施教师分类评价改革，设立“产业教授”岗位，设置工科教师每三年累计参与企业实践的最低时限，将横向课题到账经费、技术转让收入等纳入职称评审核心指标。建设虚实融合的教学场景，投入专项经费建设数字孪生实验室，实时对接企业生产线数据，开发虚拟调试、故障模拟等实训项目。建立弹性学制与学分银行，允许学生分段进入企业实践，将参与技术攻关、获得职业资格证书等转化为创新学分。完善质量保障体系，引入第三方评估机构对产教融合成效进行诊断，建立毕业生职业发展追踪系统，将企业满意度、岗位晋升速度等作为专业建设核心考核指标。

8.2.2 平台共建资源共享，打造协同创新实体载体

政府通过政策工具与资源整合构建协同创新载体，推行数据开放战略，搭建工业大数据共享平台，依法脱敏后向高校开放重点产业产能、能耗、故障率等实时数据，配套建设边缘计算节点保障数据安全，每年安排专项资金用于数据治理与平台运维。

行业组织负责构建资源整合中枢，重点解决标准互认与协同创新问题。组建行业级虚拟研究院，整合龙头企业研发需求与高校科研能力，建立行业专利池运营中心，将校企联合研发成果纳入共享专利库。会员单位可按阶梯式原则付费使用专利库，将收益反哺原创团队。举办行业级“双创”马拉

松，设置工业软件、智能装备等赛道，要求每个参赛团队必须包含企业工程师与高校师生，优胜项目可以直接进入龙头企业供应链备选库。

龙头企业深度开放产业资源，在总部或生产基地内建设产教融合创新综合体，集成实训中心、研发实验室、中试生产线三大功能模块，承接高校实践教学任务。建立设备共享分级开放制度，开放企业研发管理流程，将产品生命周期管理系统教学版植入高校课程。学生可参与从需求分析到产品测试的全流程，企业每年遴选若干真实研发课题转化为毕业设计项目库。构建“双师云平台”，遴选高级工程师形成导师资源池，指导高校实验。

高校重构资源组织方式，打造开放型创新生态系统。构建设备共享体系：校级公共平台配置高端分析测试设备，院级中心部署专业设备，校企联合实验室聚焦产业专用设备，创新工坊配备基础设备。所有设备接入智能管理系统实现跨校预约，在空闲时段向企业开放并收取成本费。开发课程资源共享平台，将企业培训课程与高校学分体系对接，学生在线学习并通过考核可置换专业选修课学分。高校采购重大设备时同步规划产教融合应用场景。建立资源使用效益评价模型，从设备利用率、成果转化量、企业满意度等维度对学生进行考核。

8.2.3 人才共育双向流动，构建能力递进培养体系

在推进人才共育与双向流动体系建设时，政府需构建制度保障与激励机制。明确企业工程师进校任教可保留原职级待遇，高校教师驻企实践期间享受企业同等岗位绩效工资，政府通过专项补贴补足差额部分。设立双师型人才培育基金，支持校企联合培养项目，对接收教师实践的企业给予补贴。实施人才流动税收优惠，建立产教融合人才特区，试点弹性编制管理。推行人才流动积分制，将校企人员互聘时长、联合培养成果等纳入地方人才工作考核指标。

行业组织发挥标准引领与资源整合功能，建立行业导师认证中心，开发覆盖智能制造、新能源等领域的培训课程体系，培育持证产业导师。组织跨企业轮训，联合龙头企业建立共享实践基地，组织高校教师分段进入不同企业学习前沿技术，安排教师参与跨企研修。建立人才流动信用体系，记录校企人员合作成效。

龙头企业深度嵌入人才培养全流程。选拔首席技师、研发总监等核心人才组建产业导师库。开发阶梯式培训课程体系，设立初级（认知实践）、中级（项目协作）、高级（技术攻关）三级实训项目，为高校提供进阶式实践岗位。建立能力认证反哺机制，企业将内部认证体系向高校开放，学生通过考核可获得岗位晋升加分资格。设立流动人才蓄水池，预留部分技术岗位专门聘用参与过校企联合培养项目的毕业生。

高校重构人才培养模式与管理制度，改革教师评价体系。建设“课程动态调整机制”，新增交叉课程。建立学分银行，承认企业实践经历，将行业认证、技术专利、创新竞赛等成果折算为学分。打造虚实融合实训平台，引入企业数字孪生系统建设虚拟车间。完善质量反馈闭环，建立毕业生职业发展追踪机制，将企业评价的岗位适应周期、技术创新贡献等指标反向导入培养方案修订，形成“需求—培养—反馈—优化”的持续改进机制。

8.2.4 标准互认质量共管，建立多元协同评价机制

建立顶层制度框架，通过立法与政策工具打破产教融合评价壁垒。设立产教融合质量监测中心，开发“教育-产业”质量对标系统，实时采集企业用人满意度、毕业生岗位胜任力等核心指标，生成区域产教融合质量指数并公开排名。

行业组织发挥标准转化中枢作用，构建贯通产业链与教育链的认证体系。建立产教融合标准转化中心，将行业技术标准拆解为教学能力单元。组建跨企业认证联盟，统一设备操作、工艺规范等基础岗位标准。指导高校淘汰过时的课程内容，组织行业专家对校企合作项目进行检查指导。

龙头企业将内部标准转化为教育质量基准，构建全链条质量管控体系。开放质量管理核心资源，将生产标准转化为教学案例库。建立“标准植入-过程监控-结果认证”三级管理体系：在课程开发阶段嵌入企业技术规范，在教学过程中实时比对学生操作数据与生产合格率指标，在毕业考核时实行“技术达标度+工艺规范性”双重考核指标。建立标准迭代反馈机制，收集高校应用问题并更新标准手册版本，确保教育标准与产业实际保持同步。

高校重构质量保障体系，建立多维渗透的评价生态系统。构建五维质量评价模型：政府监管评价侧重政策符合性，行业认证评价聚焦标准符合度，企业实践评价强调岗位胜任力，学校过程评价关注学习达成度，学生发展评价追踪职业成长性。改革考试评价方式，聘请企业人员担任专业建设顾问，全程参与人才培养方案修订、实训室建设、毕业设计评审等环节。持续改进机制，将企业质量审核中的不符合项转化为教学整改任务。

8.2.5 技术共研成果共享，完善价值创造分配机制

政府建立制度保障与价值分配框架，明确校企联合研发成果的产权归属模式，设立产教融合技术交易市场。实施阶梯式税收激励，建立风险补偿机制，出资设立研发保险池，对因技术路线失败导致的损失给予补偿。推行研发积分制，将企业研发投入中用于校企合作的比例、高校横向课题到账金额等指标纳入地方政府考核体系。

行业组织组建产业技术协同创新联盟，制定产教融合成果分类共享制度，将成果划分为基础研究型（高校主导）、应用开发型（企业主导）、改进优化型（双方共研）三类，设定排他性使用期限。建立行业级专利池运营中心，对联盟成员开放标准必要专利的交叉许可。实施技术共享信用评级，对恶意隐瞒技术漏洞、篡改实验数据等行为实施行业通报和惩戒。

龙头企业构建开放创新生态与收益共享体系。设立产教融合专项研发基金，将其用于校企合作，发布“卡脖子”技术需求清单。开放工业互联网平

台，将生产设备的数字孪生系统接入高校实验室，共享设备运行数据与工艺参数，设置数据沙箱保障核心工艺安全。技术开源，将非核心专利打包成教学资源包向合作高校开放。

高校实施逆向科研组织模式，组建跨学科攻关团队时要求包含企业技术专家。改革成果评价体系，提高技术合同金额、专利转化收入等指标权重。构建技术转移经纪人队伍，培养既懂科研又通市场的专业人才。

8.2.6 生态共建长效发展，形成可持续融合生态圈

政府建立系统性支撑体系，激活生态活力。明确生态圈参与主体的权责关系，设立生态贡献度税收抵扣政策。规划建设产教融合生态示范区，配套建设共享中试基地、检测认证中心等基础设施。建立生态发展基金，重点投资校企共建的科技孵化项目。实施生态健康度评估，从资源流动效率、创新协同密度、价值创造能力等维度进行量化评价。

行业组织发挥生态连接器作用，组建产教融合生态联盟，构建跨域协同网络。在重点产业领域培育创新联合体，构建知识产权交叉许可池，建立生态应急响应机制。

龙头企业担当生态主引擎角色，构建价值循环体系。建设产业创新共同体，联合上下游配套企业、高校组建垂直领域生态圈。打造“三螺旋”创新载体：生产型创新中心聚焦，应用型研究院攻关行业共性技术，未来实验室探索颠覆性创新。实施生态型人才计划，设立跨组织流动岗位，工程师可在高校担任产业教授，教师可深度参与企业战略研发项目。构建“技术—资本—市场”转化链，对生态内孵化项目提供从样机开发到量产导入的全链条支持。

高校转型为生态能量站，重构知识生产与扩散模式。打破院系壁垒组建产业导向的交叉研究院，每个研究院都引入企业共建。实施课程生态化改造，开发“基础理论+行业通识+企业专精”的模块化课程体系，引入企业真实项目作为教学案例。构建四维资源网络：设备共享网接入高端仪器

实现跨校预约，数据资源网开放企业脱敏生产数据，知识资源网整合工程文档形成智能知识图谱，人才资源网建立产业导师动态数据库。建立生态贡献评价体系，将教师服务企业时长、成果转化效益、生态资源引入量等纳入绩效考核。

参 考 文 献

[1] 凌磊. 政府、企业、高校、社会参与职教高考制度的“多重嵌入”路径分析[J]. 职业技术教育，2024，45（22）：46-52.

[2] 陈建勋. 新质生产力发展视角下产教融合课程知识生产模式的研究[J/OL]. 包装工程，2024，43（10）：1-4[2024-08-12].http://kns.cnki.net/kcms/detail/50.1094.tb. 20240729.1119.024.html.

[3] 田玉鹏，黄燕晓. 行业院校创新型人才培养：从产教融合 1.0 到 2.0[J/OL]. 教育理论与实践，2024，44（24）：23-27[2024-08-12].http://kns.cnki.net/kcms/ detail/14.1027.G4.20240730.1624.013.html.

[4] 吴芹，王晓映，刘克印，等. 科教产融合背景下高素质应用创新型人才培养工作机制探讨[J/OL]. 包装工程，2024，45（S2）：1-4[2024-08-12]. http://kns.cnki.net/kcms/detail/50.1094.TB.20240729.1135.096.html.

[5] 何劲鹏，杨伟群，赵家庆. 我国学校体育协同育人“双循环”推进的内在逻辑与路径探索[J]. 体育学刊，2024，31（04）：101-106.

[6] 曹靖，尚嘉珉. 不完全契约理论视域下产教融合型企业可持续发展的逻辑、困境与路径[J]. 中国职业技术教育，2024（21）：31-38+71.

[7] 何百通，朱芝洲，李静. 产教集体行动困境与融合：基于组织场域的结构性分析[J]. 中国职业技术教育，2024（21）：22-30.

[8] 涂凯迪，李伟. 市域产教联合体建设的政策起点、现实难点和破解重点[J]. 教育与职业，2024（14）：22-29.

[9] 郭广军，陈鹏，吴强，等. 高职院校产教融合有效性评价指标体系构建及实证研究[J]. 高等工程教育研究，2024（04）：141-146+165.

[10] 方益权. 复杂适应视阈下高职院校产教融合多维发展关系的重塑[J]. 高等

工程教育研究，2024（04）：14-20+64.

[11] 刘祥泽，徐冰，徐坚. 行业产教融合共同体建设：价值意蕴、现实困境和推进策略[J]. 教育与职业，2024（13）：23-30.

[12] 周海云，任聪敏. 基于产业园区的市域产教联合体建设：目标、逻辑与路径[J]. 职业技术教育，2024，45（19）：48-52.

[13] 李莎莎，龙宝新. 工程类专业学位研究生产教融合系统运行模式研究——复杂适应系统理论的分析[J]. 高校教育管理，2024，18（04）：89-99+124.

[14] 张金海，马聪，高琴，等. 新工科视域下工程实践创新教学体系的研究和实践[J]. 机械设计，2024，41（06）：171-176.

[15] 张立川，赵远方，杨晨啸. 产教融合、科教融汇：深圳大学艺术学部服装与服饰设计系时尚教育创新与实践[J]. 装饰，2024（06）：58-59.

[16] 唐继红，周桐，黄遵红. 协同共生：鲁班工坊创新国际校企合作的内在逻辑与实践进路[J]. 教育与职业，2024（12）：59-65.

[17] 徐巧云. 职业本科学科专业一体化建设的逻辑向度[J]. 中国职业技术教育，2024（17）：55-61.

[18] 田铁杰. 高水平应用型大学赋能职业教育产教融合的内在机理与多样化发展路径[J]. 教育发展研究，2024，44（11）：40-42.

[19] 卢晓中，杜玉帆. 科教融汇何以成为职业教育发展的新方向[J/OL]. 重庆高教研究，2024，12（05）：1-18[2024-08-12].http://kns.cnki.net/kcms/detail/50.1028. G4.20240604.1441.004.html.

[20] 宾恩林. 凭什么深化：职业教育产教融合的制度规划、市场匹配与组织结对[J]. 职教论坛，2024，40（05）：27-35.

[21] 衡若愚，李姗泽. 开放教育产教融合工作坊教学模式建构研究[J]. 成人教育，2024，44（05）：58-64.

[22] 肖纲领，李政. 嵌入式评价：行业企业参与高职教育评价的新范式[J]. 教育与职业，2024（09）：30-37.

[23] 靳璐璐. “双师双能型”师资队伍的培养现状与建设路径研究[J]. 知识窗（教师版），2024（04）：78-80.

[24] 王迪. 产业需求与人力资本供给适应性发展探究[J]. 中国特色社会主义研究，2024（02）：100-109.

[25] 范璐璐，倪小敏. 英国职业教育供需信息匹配机制及其对我国职业教育的启示[J]. 教育与职业，2024（08）：69-76.

[26] 金东寒，马新宾. 推动新工科教育迭代升级支撑服务新型工业化建设[J]. 中国高等教育，2024（05）：8-11+21.

[27] 赵玉新，许德新，刘志林. “3I”特色新工科人才多维创新实践平台的建设[J]. 高等工程教育研究，2024（02）：31-37.

[28] 戴琨，李兴海. 职业教育产业资源转化为教学资源的多重逻辑、现实困境、实践路向[J]. 教育与职业，2024（05）：67-70.

[29] 于妍，刘小雪. 基于产业需求导向的高校学科建设及其路径优化[J]. 学位与研究生教育，2024（02）：63-70.

[30] 王莹，张笑，佟璐琰. “产教融合”背景下的数字技术类专业集群课程体系建设[J]. 吉林化工学院学报，2023，40（12）：29-33. DOI：10.16039/j.cnki.cn22-1249.2023. 12.007.

[31] 赵静，陆宁云，谢非，等. 面向新工科的“AI+X”课程体系建设[J/OL]. 控制工程，2024，31（12）：1-5[2024-08-12]. https：//doi.org/10.14107/j.cnki.kzgc. 20230369.

[32] 孙良顺. 区域协同创新体系建设的共性机制与差异分析——以国内十家高科技园区为例[J]. 郑州大学学报（哲学社会科学版），2023，56（06）：78-84.

[33] 李玉红，魏亚运，张祥宇，等. 高质量发展背景下我国高职院校科技成果转化存在的主要问题及突破路径对策——基于广东省“双高计划”建设院校的实证分析[J]. 科技管理研究，2023，43（22）：135-142.

[34] 杨冬，林健. 五大卓越：美国一流大学工程人才培养模式的透视与启示

——以普渡大学为例[J]. 现代大学教育，2023，39（06）：60-71.

[35] 凌鹊，刘景华. 印度高等工程教育的发展困境、行动方略与经验启示[J]. 外国教育研究，2023，50（10）：67-82.

[36] 田浩然，赵之灿. 中国省域高等教育资源集聚布局的创新效应研究[J]. 重庆高教研究，2024，12（01）：32-45.

[37] 张颜梅. 双创背景下饲料企业参与协同育人的机制研究[J]. 中国饲料，2023（18）：104-107.

[38] 董世荣. 新工科专业课程思政建设探讨[J]. 中学政治教学参考，2023（31）：97.

[39] 任秀洁. 高校科技创新教育供给侧结构性改革的背景、意蕴与路向[J]. 学校党建与思想教育，2023（14）：90-92.

[40] 顾荣军，王华杰. 技能型社会视域下职业院校产教融合：基本逻辑与实践路径[J]. 教育学术月刊，2023，（07）：53-59.

[41] 卓雪冬. 产教融合背景下高校人才培养模式分析——评《应用型本科高校产教融合发展模式及其实现的保障机制》[J]. 中国教育学刊，2023（07）：132.

[42] 张福彦，于歌唱婉. 价值导向下的教学目标与教学策略制订[J]. 中学地理教学参考，2023（19）：28-31+2.

[43] 刘坤，刘鑫桥，李妍. 教育数字化下的新工科新形态教学资源——逻辑内涵、要素特征与建设路径[J]. 高等工程教育研究，2023（04）：22-26+99.

[44] 雷朝滋. 加强企业主导的产学研深度融合推动高校科技创新高质量发展[J]. 国家教育行政学院学报，2023（06）：3-5.

[45] 张旭雯，迟景明，何声升，等. 共生视角下校企创新主体深度融合的内在过程机理研究——基于沈鼓集团与大连理工大学的探索性案例[J]. 科技进步与对策，2023，40（14）：12-21.

[46] 赵胤. 产学研创新资源集聚对区域创新效率的影响研究[D]. 太原：太原理工大学，2023.

[47] 徐理勤，王兆义. 德国应用科学大学双元制培养模式的内涵特征与动因分析[J]. 中国高教研究，2023（05）：71-78.

[48] 梁传杰，熊盛武，范涛. 基于企业需求导向的产教融合研究生培养模式改革与实践[J]. 学位与研究生教育，2023（05）：7-13.

[49] 郭建如，邓峰. 高等教育学科结构与产业结构的适配性研究——基于高校毕业生学用匹配及就业质量的视角[J]. 河北大学学报（哲学社会科学版），2023，48（01）：112-122.

[50] 赵哲. 大学与企业协同创新的长效机制建构：从大学知识生产谈起[J]. 国家教育行政学院学报，2023（01）：80-87.

[51] 罗思明，张洋. 产教融合新型跨界组织建设：县域高校视角[J]. 高等工程教育研究，2023（01）：98-103.

[52] 孙彬青，黄利强，宋海燕，等. 区域创新发展下新工科创新人才培养的研究探索[J]. 包装工程,2022,43(S2):9-12.

[53] 韩杰才. 响应时代需求推进卓越工程师培养的供给侧改革[J]. 学位与研究生教育，2022（11）：1-8.

[54] 胡万山，叶琳. 高职教育产教融合的历史演变、现实基础与发展趋势[J]. 现代教育管理，2022（10）：82-89.

[55] 赵丹，范先佐. 以集群发展促进教育质量提升：英国乡村小规模学校发展路径与启示[J]. 比较教育学报，2022（05）：96-107.

[56] 王姣姣. 产教融合视域下我国职教集团建设现状及未来发展审思——基于全国299家示范性职教集团（联盟）的分析[J]. 教育与职业，2022（19）：13-20.

[57] 谢广霞. 高校专业建设对接产业发展研究——评《化工产业链与风险管理》[J]. 塑料工业，2022，50（09）：204.

[58] 李梦卿，余静. 生态学视域下本科层次职业院校产教融合发展研究[J]. 教育发展研究，2022，42（17）：59-66.

[59] 迟景明，何声升，张旭雯. 适应与重构：校企创新主体资源融合路径研究[J].

中国科技论坛，2022（09）：63-72.

[60] 欧阳缮，刘庆华，李晓记. 三链贯通跨学科专业人才培养模式的探索与实践[J]. 高等工程教育研究，2022（05）：26-30+56.

[61] 秦静怡，李华，陈秀，等. 新工科与创新创业教育融合的模型研究——基于扎根理论的80所高校样本分析[J]. 中国高校科技，2022（08）：10-16.

[62] 李爱彬，杨晨美子. “双循环”新发展格局下行业特色高校人才培养的逻辑遵循与关键路径研究[J]. 高校教育管理，2022，16（04）：96-104+124.

[63] 夏天添，王慧，阙明坤，等. “学科-产业”融合机制与创新型人才培养绩效——来自经验取样法的调查[J]. 现代管理科学，2022，（03）：75-82.

[64] 瞿锦秀. 区域一体化背景下长三角高等教育资源共享的实现路径[J]. 苏州大学学报（教育科学版），2022，10（01）：57-66.

[65] 余江涛. 英国研究型大学参与区域协同创新的机制研究[D]. 天津：天津大学，2022.

[66] 姚威，毛笛，李飞，等. 新工科建设中的“中国特色”探索——基于“新工科研究与实践”项目文本的扎根分析[J]. 高等工程教育研究，2021（06）：17-23.

[67] 赵晓芳. 职业教育校企命运共同体：理论逻辑、内涵特征与行动路径[J]. 职业技术教育，2021，42（25）：69-74.

[68] 刘常兴，刘源. 高等职业教育产教融合发展及推进策略研究[J]. 教育理论与实践，2021，41（21）：20-23.

[69] 谢冰蕾，吴琳华. 融入区域发展的新工科教育建设：逻辑、挑战与进路[J]. 中国高教研究，2021（06）：51-56.

[70] 王姣姣，柯政彦. 产教融合视域下高职产业学院建设的现状、经验与展望——基于江西省17个产业学院的分析[J]. 职教论坛，2021，37（06）：129-134.

[71] 翟博文，陈昌礼，陈辉林. 产教融合生态圈模型的构想与路径选择——基于绿色视阈下贵安新区的探索[J]. 中国高校科技，2021（05）：71-75.

[72] 钟秋波，李青合，鲍吉龙. 以新工科教育开辟“政产学研资用”产教融合新路径——以宁波工程学院机器人学院为例[J]. 职业技术教育，2021，42（14）：11-16.

[73] 职业教育多元化产教融合发展模式的研究与实践[J]. 中国高等教育，2021（08）：2+65-66.

[74] 边胜琴，王建萍，崔晓龙，等. “在线教学+项目实训”实验教学模式研究[J]. 实验技术与管理，2021，38（03）：201-206.

[75] 姚宇华. 新工科视域下高等教育研究：功能定位与实践路向[J]. 中国高校科技，2021（03）：58-61.

[76] 贺书霞，冀涛. 基于共享发展理念的职业教育产教融合共同体建构[J]. 职业技术教育，2021，42（04）：35-41.

[77] 谢存旭. 产教融合视域下高职学生工匠精神培育[J]. 中学政治教学参考，2021（03）：104.

[78] 马廷奇. 新工科建设的范式转换及实现路径[J]. 中国高等教育，2021（02）：16-18.

[79] 卢振利，王红，马志鹏，等. 基于语音识别的脑瘫康复数字训练系统设计[J]. 高技术通讯，2020，30（05）：526-532.

[80] 温宏愿，孙松丽，瞿志俊，等. 新工科和专业集群视角下机器人工程专业建设研究[J]. 职业技术教育，2020，41（14）：30-34.

[81] 龚胜意，应卫平，冯军. “新工科”专业建设的发展理路与未来走向[J]. 黑龙江高教研究，2020，38（04）：24-28.

[82] 刘娟，丰云. 校企协同建设实践教学资源的共享策略研究[J]. 中国职业技术教育，2020（08）：76-80.

[83] 王泳涛. 我国省级政府深化产教融合的政策分析与局限突破——基于24省市实施意见的文本分析[J]. 职教论坛，2020（01）：42-49.

[84] 王祝华. 产教融合从内涵深化到载体创新[J]. 中国高校科技，2019（12）：61-64.

[85] 江爱华，施大宁，易洋，等. 新工科背景下的教师跨界发展：概念模型、工作机制和实施路径[J]. 高等工程教育研究，2019（04）：46-51.

[86] 李海东. 基于产业转型升级的职业教育供给侧改革研究[J]. 教育与职业，2019（05）：5-12.

[87] 孔海东，刘兵，徐志云，等. 区域产业结构与学科创新体系对接分析研究——以河北省为例[J]. 黑龙江高教研究，2019，37（02）：59-65.

[88] 潘力，于佐君，陈晓玫，等. 浅议高校实践基地建设与产业结合[J]. 中国高校科技与产业化，2011（Z1）：53-54.